ŒUVRES

DE

Ferdinand Fabre

MONSIEUR JEAN

PARIS

ALPHONSE LEMERRE, ÉDITEUR

23-31, PASSAGE CHOISEUL, 23-31

—

M DCCC LXXXIX

PETITE BIBLIOTHÈQUE LITTÉRAIRE
(AUTEURS CONTEMPORAINS)

Volumes petit in-12 (format des Elzévirs)
imprimés sur papier vélin teinté
Chaque volume : 5 francs ou 6 francs

Chaque œuvre est ornée d'un portrait gravé à l'eau-forte

PAUL-LOUIS COURIER. *Pamphlets et Lettres politiques*, avec notice et notes par M. FR. DE CAUSSADE. 1 vol. . . . .
FERDINAND FABRE. *L'Abbé Tigrane*. 1 vol. . . .
— — *Monsieur Jean*. 1 vol. . . . .
ALBERT GLATIGNY. *Poésies complètes. Les Vignes folles. — Les Flèches d'or. — Gilles et Pasquins.*
EDMOND ET JULES DE GONCOURT. *Sœur Philomène*.
— — *Germinie Lacerteux.*
EDMOND DE GONCOURT. *La Faustin*. 1 vol. . . . .
— — *Chérie*. 1 vol. . . . .
LÉON GOZLAN. *Aristide Froissard*. 1 vol. . . . . .
— *Polydore Marasquin*, etc. 1 vol. . .
— *Nouvelles*. 1 vol. . . . .
VICTOR HUGO. *Poésies*. 17 vol. Chaque vol. . . .
— *Théâtre*. 4 vol. Chaque vol. . . .
— *Notre-Dame de Paris*. 2 vol. . . .
G. LAFENESTRE. *Poésies (1864-1874)*. 1 vol.
A. DE LAMARTINE. *Poésies*. 6 vol. Chaque vol.
— *Poésies inédites*. 1 vol. . . . .
— *Les Confidences. — Graziella*. 1 vol.
— *Voyage en Orient*, 2 vol. . . .
— *Le Tailleur de pierres*. 1 vol.
— *Raphaël*. 1 vol. . . . .
— Tirage sur papier vergé à 500 exemplaires. Chaque vol.
ANDRÉ LEMOYNE. *Poésies (1855-1870). Les Charmeuses. — Les Roses d'Antan.* 1 vol.
— *Poésies (1871-1883). Légendes des Bois et Chansons marines. — Paysages de Mer et Fleurs des Prés. — Soirs d'Hiver et de Printemps.* 1 vol.
— *Une Idylle normande. — Le moulin des Prés.* 1 vol. . . .

PARIS. — Imp. A. LEMERRE 25, rue des Grands-Augustins

OEUVRES

DE

Ferdinand Fabre

IL A ÉTÉ TIRÉ DE CE LIVRE :

15 exemplaires sur papier de Hollande.
10 — — Chine.
5 — — Whatman.

Tous ces exemplaires sont numérotés et paraphés par l'éditeur.

ŒUVRES
DE
Ferdinand Fabre

MONSIEUR JEAN

PARIS
ALPHONSE LEMERRE, ÉDITEUR
23-31, PASSAGE CHOISEUL, 23-31

M DCCC LXXXIX

MONSIEUR JEAN

I

La scène se passe vers 1843, la veille de Noël, chez mon oncle Fulcran, curé de Camplong, au diocèse de Montpellier. Bien que le presbytère soit un ancien prieuré de Frères mineurs de Saint-François, qu'un gros pilier roman, une porte à plein cintre, une fenestrelle à croisillon de pierre, dénoncent, par-ci par-là, de vagues intentions architecturales, c'est au bout du compte une assez piètre masure que le presbytère de Camplong.

Assis devant notre table ronde de noyer, où, depuis une demi-heure, — depuis la fin du petit déjeuner, — je sers de secrétaire à mon oncle, pour qui la plume devient plus lourde chaque jour, je grelotte, je grelotte de la tête aux pieds. Notre gouvernante, Prudence Ricard, a eu beau vider de pleins seaux de charbon dans le foyer de la salle à manger, il gèle chez nous, et je sens l'onglée me raidir les doigts comme des bâtons.

— Antoinette Vignole! me dicte mon oncle.

Au moment où j'essaye d'écrire ce nom, le dernier sans doute d'une liste bien longue, ma plume, éclaboussant le papier, sème la page blanche de toute une fusée de taches noires.

— Fais donc attention! me dit mon oncle.

— Est-ce que c'est sa faute, au petiot, si sa plume crache de l'encre à chaque mot? intervient la vieille servante, la langue toujours levée pour ma défense. Autrefois, on se servait à la cure de plumes d'oie achetées à très bon compte au colporteur Isidore Siebel; on taillait avec un canif, on retaillait ces plumes d'oie, et les écritures n'en allaient pas plus mal ici. A présent, on achète à la ville, chez M. Jean-Pierre Audibert, le libraire, des plumes de fer pointues comme des aiguilles, qui coûtent les yeux de la tête, et voilà ce qui arrive.

— Antoinette Vignole! répète mon oncle, peu sensible aux doléances de sa gouvernante.

— C'est comme cette Antoinette Vignole, dont vous avez la bouche pleine! Vous feriez mieux de la laisser chez elle, où elle trouve à qui parler, que de l'inviter à notre réveillon de la nuit qui vient.

— Antoinette Vignole est pauvre.

— Qu'elle se conduise mieux, et il ne tombera pas des enfants dans sa hutte, comme il tombe des châtaignes, quand il vente, dans les châtaigneraies du Jougla...

— Prudence!

— Ça ne vous fait rien, à vous, pardi! que la famille de votre Antoinette Vignole augmente à vue d'œil; mais ça me fait quelque chose, à moi, qui suis obligée d'acheter le blé avec de l'argent franc et rond, de le porter au moulin, de le cribler à la rivière, de le sécher au soleil, de passer la farine, de pétrir la pâte et de cuire la fournée. Savez-vous combien j'ai baillé de miches de huit livres, cette semaine, à la meute affamée de la Vignole?

— Virginie Merle! poursuit mon oncle imperturbablement.

— Pour celle-là, je n'ai rien à dire, c'est une honnête femme, et je ne suis pas fâchée qu'à la Noël de cette année elle vienne goûter à notre fouace de *grattons* et à notre vin blanc de Maraussan. Je vous demanderai seulement de ne pas permettre qu'elle amène sa fille à la cure. Quand Merlette sera plus sage, qu'elle aura fait sa première communion, on verra. Ses deux frères, Julot et Milou, que vous avez placés, si tendres d'âge, chez les Bassac, comme aides-bergers, sont si gentils! Ah! si Merlette leur ressemblait!...

— Je vous assure, Prudence, que, dimanche, j'ai été fort content de Merlette. Elle m'a récité son catéchisme — le chapitre *Du péché*, très difficile — sur le bout du doigt, et je lui ai donné une image de sainte Monique. Si elle continue à édifier la paroisse, pour décharger un peu sa mère je placerai Merlette à l'Orphelinat des sœurs de la Croix, à Saint-Gervais. Du reste, M. le curé Alexandre Matheron, de Graissessac, s'occupe d'elle...

— Oh! la mâtine! je la reconnais bien là! Elle est fine à passer par le trou d'une aiguille, et, pour de l'esprit, elle en revendrait à toute la contrée. Il n'en est pas moins vrai que Virginie a beaucoup de mal à se rendre maîtresse de Merlette et qu'on la rencontre à toute heure polissonnant avec les garçons... Et, tenez! Galibert, le pâtre des Bassac, n'est pas le dernier à courir après cette jeunesse de quatorze ans, parmi les châtaigneraies du Jougla ou de Fonjouve, du côté de ses bergeries.

— Il faut que Virginie veille un peu plus sur Merlette, maintenant qu'elle se trouve allégée de Jules et d'Émile.

— La pauvre femme!... Mais comment voulez-vous qu'elle veille à son garnement de fille, quand le travail l'appelle ou chez les Granier, ou chez les Jallon, ou dans quelque métairie de la montagne? Virginie Merle ne ressemble pas à Antoinette Vignole : elle n'attend pas qu'on lui porte la becquée; elle va la ramasser par les champs, elle, en trimant de ses deux bras... Enfin si, à cause de sa mère si méritante, vous voulez à tout perdre que Merlette assiste à notre réveillon...

— Petit, interrompit mon oncle, note Virginie Merle et sa fille.

— A présent que vous avez marqué sur le papier ce qui vous a plu, reprit la servante impitoyable, je pense, monsieur le curé, que vous me laisserez arranger ce réveillon à ma fantaisie?

Mon oncle leva la main, — c'était sa façon d'imposer silence; — puis, me regardant :

— Combien de noms y a-t-il sur la liste?

— Vingt-cinq.

— Et avec Merlette vingt-six, s'empressa de dire Prudence.

— Est-ce que le vieux Joseph Lasserre, des Passettes, est inscrit?

— Non, mon oncle.

— Inscris-le.

— Mais il ne viendra pas, Joseph Lasserre, les Passettes. Réfléchissez, monsieur le curé, qu'il a quatre-vingt-sept ans, et que les Passettes sont à une lieue d'ici.

— Il en avait quatre-vingt-six l'année passée, et il s'est comporté comme un jeune homme à notre réveillon. Quelle joie j'éprouvais à voir ce vieillard manger de bon appétit! Ses morceaux me faisaient du bien.

Prudence donna un coup de fourgon violent dans la grille. De gros charbons enflammés, passant par-dessus le bord, s'éparpillèrent sur le plancher.

— Vous voulez donc mettre le feu à la maison, s'écria mon oncle, reculant son fauteuil de paille à haut dossier.

— Il y aurait bien de quoi, en vérité, gronda-t-elle, quand on voit que vous n'avez qu'une idée en tête : gorger le monde de nos provisions.

Mon oncle se mit debout; puis, arrêtant des yeux sévères sur cette vieille femme cramponnée de ses dix doigts à la moindre miette de notre bien :

— Prudence, lui dit-il, si, depuis dix ans

que vous me servez, je ne vous connaissais pas, je douterais de votre amour des pauvres. Dans quelques heures, nous célébrerons la naissance glorieuse du Sauveur, qui voulut naître parmi les pauvres, vivre parmi les pauvres, mourir entre deux larrons, des pauvres de l'espèce coupable, mais des pauvres aussi. Je vous engage à penser à cela aujourd'hui, quand vous allez, pour être admise à la sainte table cette nuit, vous préparer à recevoir, à Saint-Étienne-de-Mursan, l'absolution de vos péchés.

— Je vous demande pardon, mon bon monsieur le curé..., bredouilla-t-elle, tremblante.

— Maintenant, poursuivit mon oncle Fulcran, passant du mode solennel à un mode plus familier, il faut s'arranger pour que les braves gens que nous devons recevoir après la messe de minuit ne grelottent pas de froid chez nous. Puisque vous allez vous confesser à Saint-Étienne, en sortant d'ici entrez chez les Bassac et demandez-leur de nous prêter leur mulet, comme ils le font chaque fois que nous avons besoin de charbon. Mon neveu prendra *Verjus* dans un instant et partira pour la mine de Brochin.

Il s'interrompit, et, m'allongeant un regard significatif :

— Je crois, mon enfant, qu'à la veille de

Noël, tu désires aussi mettre quelque ordre dans les affaires de ta conscience?

— Mon Dieu, mon oncle, si cela peut vous faire plaisir...

— Il ne s'agit pas de moi, il s'agit de toi. Trois cents pas séparent la mine de Broçhin de l'église de Graissessac. Tu verras le respectable M. Alexandre Matheron, qui te bénira, et tu me reviendras, ce soir, gai, heureux, porté par les anges.

— Fais bien attention à Verjus, petiot, me recommanda Prudence, bouclant ses sabots; puis emporte un quignon de pain avec une bille de chocolat.

Mon oncle prit sur la tablette de la cheminée, sous le pied d'un chandelier où je ne les avais pas aperçus, deux paquets un peu plus gros que de grosses châtaignes. Les paquets mal attachés cliquetaient entre ses doigts, et soudain des pièces blanches, mêlées à des sous, roulèrent sur le plancher. Nous nous précipitâmes pour recueillir cet argent qui fuyait dans toutes les directions.

— Ah! ce papier du *Réveil catholique de Lyon*, comme il est mince! se lamenta mon oncle. Il faudra qu'un de ces matins je me décide, pour le prévenir de cela, à écrire à M. l'abbé Philibert Tulipier, rédacteur en chef du *Réveil*... Il est vrai que je prête mon journal au maréchal Valat, que Valat, le lisant à la forge, le salit beaucoup, et que peut-être...

— On ne doit rien prêter à personne, opina Prudence, déposant sur la table un tas de monnaie, car, à elle seule, elle avait ramassé à peu près tout.

— Combien y a-t-il? demanda mon oncle.

— Neuf francs et dix-huit sous, répondit la vieille servante, qui avait compté je ne sais comment.

— Il manque deux sous; on les cherchera plus tard.

— Pourquoi ne pas les chercher tout de suite, puisque nous y sommes? riposta-t-elle. Jésus-Seigneur! l'argent est assez cher de nos jours pour qu'on ne s'amuse pas à le perdre!... Ah! cet argent qu'on ne peut semer comme les fèves!...

En articulant ces paroles, ses petits yeux aigus furetaient sous les meubles, fouillaient les interstices des pavés.

— Voilà les deux sous! cria-t-elle.

Elle se pencha, et, de l'ombre projetée par le coffre de la pendule, sa main desséchée, aux doigts noueux et crochus, amena un double sou.

— Eh bien, monsieur le curé, ai-je raison, quand je vous répète que vous ne trouveriez pas d'eau à la mer, vous!

Mon oncle sourit; puis, ayant arraché une belle page de papier neuf à mon cahier de thèmes latins traînant par là, il refit les paquets.

— C'est hier seulement que M. le maire Bassac m'a apporté les honoraires des trois messes célébrées dans les trois paroisses de la commune de Camplong, le 4 de ce mois, fête de sainte Barbe, patronne des mineurs. Je pense que ni M. le curé de Graissessac, ni M. le curé de Saint-Étienne-de-Mursan ne m'en voudront de leur envoyer un peu tard ce qui leur est dû. Il n'y a pas de ma faute. En remettant cinq francs à M. Victor Beaumel, vous m'excuserez, Prudence; tu feras de même, petit, auprès du respectable M. Alexandre Matheron... A présent, allons à la cave, mon enfant.

— A la cave? interrogea notre servante, en train de nouer dans un bout de son mouchoir la grosse somme qu'on venait de lui confier.

— Vous ne vous souvenez donc pas que j'ai l'habitude, à Noël, de gratifier d'une bouteille de vin blanc chacun de mes invités?

— Comment! vous auriez l'idée de donner une bouteille de notre vin blanc de Maraussan même à Merlette?

— Même à Merlette.

— Monsieur le curé, cela n'est pas possible. Merlette n'a déjà que trop d'inclination à suivre la pente de son père, qui fut l'ivrogne le plus renommé d'ici et de bien loin dans la montagne... Demandez à Ramel, l'aubergiste du *Feu-Grisou*, à Graissessac. Si vous aviez approché une allumette de Benoît Merle, il aurait pris feu et brûlé comme un sarment sec. Voulez-vous qu'il en soit de même, un jour, de sa fille?...

Prudence continuait ses complaintes dans la cuisine, que, mon oncle et moi, nous descendions l'escalier tournant de la cave, lui, préoccupé de ses pauvres auxquels il procurerait une heure de plaisir, moi, du réveillon où je mordrais à pleines dents à la fouace de *grattons*, aux *biscotins*, aux *barquettes* sucrées, où, à pleines lèvres, à plein cœur, je boirais d'interminables verres de vin blanc.

Notre cave, sous une voûte haute dont la courbe élégante disparaissait derrière de longues toiles d'araignées, pendantes, trouées, déchirées comme les haillons de misère de Virginie Merle, notre cave était fort mal tenue. Ici, des bouteilles accumulées en tas, quelques-unes cassées; là, des barriques vides, moisies, dont les cerceaux de châtaignier, travaillés depuis dix ans par les insectes rongeurs, laissaient fuir les douelles; plus loin, un tonneau ventru contenant cinquante setiers, où nous renfermions notre provision de vin pour une année, car Prudence, mon oncle et moi, nous ne buvions guère plus de cinquante setiers l'an, — un litre à peu près par jour à la mesure de chez nous.

Tout au fond, sous un arceau à plein cintre supporté par des piliers trapus, se trouvaient, en des bordelaises bouchées au maillet par mon oncle lui-même, notre vin blanc de Maraussan et notre vin blanc de Frontignan, car nous avions du vin blanc de Frontignan. Pour le maraussan, c'était M. le curé de Maraussan qui avait l'obligeance, quand l'occasion était bonne, de faire l'achat de trois ou quatre dames-jeannes pour son condisciple du grand séminaire l'abbé Fulcran, et nous le remboursions à beaux écus comptants. Le frontignan ne nous coûtait rien. Ce vin exquis, ce vin incomparable, blond comme l'or, doux et fortifiant « à ressusciter un mort, » comme s'était exprimée notre gouvernante, un jour qu'après une chute, pour la ranimer, mon oncle l'avait obligée à en essayer un doigt, ce vin que je connaissais, l'ayant goûté, le goûtant encore d'aventure à la sacristie où une bouteille était toujours entamée pour le service de la messe, ce vin nous arrivait vers la fin de décembre, chaque année, en un tonnelet de soixante litres environ. C'étaient les étrennes de Mme Débru, une dévote reconnaissante, dont mon oncle avait dirigé la conscience, aux débuts de sa carrière ecclésiastique, quand il était troisième vicaire à Frontignan.

En une corbeille débordant de bouchons vieux et neufs, mêlés ensemble, je découvris le bout de cierge jaune dont la lueur nous guidait à travers notre seconde cave. L'humidité en ayant pénétré la mèche, j'eus quelque peine à l'allumer. Mon oncle, si paisible d'ordinaire, s'impatientait.

— Maladroit! maladroit! répétait-il à chaque allumette qui s'éteignait sans avoir enflammé le morceau de cire.

Enfin, la mèche pétille et nous pénétrons sous l'arceau.

J'ignore en quelle rivière les religieux capucins, anciens possesseurs de notre maison, avaient recueilli le sable dont était recouvert le sol de cette partie surbaissée de la cave qu'au presbytère nous appelions le *caveau*. Le fait est qu'encore qu'il fût là depuis des siècles, on n'y pouvait hasarder un pas sans y enfoncer jusque par-dessus la cheville; puis il brillait, il brillait!...

— Pourquoi ce sable brille-t-il ainsi? demandai-je à mon oncle.

— C'est qu'il est mélangé de *mica* dans une très grande proportion.

— De *mica!* Qu'est-ce que le *mica?*

Mon oncle tenait par le goulot deux bouteilles à chaque main.

— Mes études ont été tournées du côté des sciences divines, nullement du côté des sciences naturelles, me dit-il... Allons, pose ton cierge dans un trou de la muraille et prends ces bouteilles.

Ayant fait ce qui m'était ordonné, je me disposais à remonter l'escalier, quand mon oncle, me rappelant :

— Eh bien, Jean, que signifie?...

— Oui, mon oncle, répondis-je, comprenant à demi-mot.

Et, brusquement, sous ces voûtes sonores comme les voûtes d'une église, à pleine voix, — une voix de *tenorino* éclatante et pure, — j'entonnai un noël en neuf couplets, dont mon oncle Fulcran était l'auteur, auquel j'avais un brin collaboré depuis six semaines et que le chœur des chanteuses de la paroisse — Antoinette Vignole, Virginie Merle... — devait étrenner à l'*Élévation* de la messe de minuit :

> *Des voix, comme un joyeux appel,*
> *Ont retenti dans la campagne,*
> *Des anges ont crié : Noël !*
> *Aux quatre coins de la montagne...*

Au sixième voyage, mon oncle, chargé de

trois bouteilles, remontait avec moi et chantait avec moi le neuvième et dernier couplet de son cantique :

>*Nous accourons, jeunes et vieux,*
>*A votre voix qui nous appelle;*
>*Vous pouvez remonter aux cieux,*
>*Porteurs de la Bonne Nouvelle.*

— Vois-tu, mon Jean, me dit-il, comme nous rangions le maroussan dans le placard de la cuisine, ne perds jamais l'habitude de chanter. Il n'est pas au monde de plus merveilleux instrument que la voix humaine. — Dieu l'a voulu ainsi. Que fait-on à l'église? On chante. Que fera-t-on au ciel? On chantera. — J'ai exigé de toi qu'ici, quand tu ne vaques pas à tes devoirs de classe, tu prisses l'habitude de chanter, soit une hymne, soit un cantique. Tu sais que j'use largement de la voix, moi. Imite ton oncle Fulcran. Après les fêtes, je me propose de t'enseigner, avec accompagnement d'accordéon, mesure par mesure, le *Veni, Sancte Spiritus*. Tu verras si c'est beau! Saint Thomas d'Aquin a écrit ce poème admirable, comme il a écrit le *Lauda, Sion*...

— Merci, mon oncle.

— Je n'ai pas voulu causer trop de chagrin à notre brave Prudence, et j'ai cherché, pour Merlette, une bouteille plus petite que les autres. Regarde!

Il me montra un flacon très allongé, très étroit, ne contenant certes pas un demi-litre.

— Vous avez bien fait...

— Seulement, au lieu de donner à Merlette du maraussan, je lui donne du frontignan; le frontignan est meilleur... Ça s'est rencontré comme ça... Tout de même, il ne faudra pas le rapporter à Prudence...

— Oh! n'ayez pas peur, mon oncle.

— Je n'ai pas peur; mais il m'en coûterait de contrarier Prudence.

La porte de la cure s'ouvrit. Galibert, un des pâtres des Bassac, descendu sans doute des bergeries du Jougla pour fêter la *Grande Naissance* au village, venait annoncer à M. le curé que Verjus était prêt.

— C'est bien, lui dit mon oncle.

Puis, m'attirant en un coin de la cuisine :

— Tu ne mettras pas moins d'une heure pour aller d'ici à Graissessac. Tu as plus de temps qu'il ne t'en faut pour faire, tout en cheminant au pas, ton examen de conscience. Descends en toi-même, fouille les coins, les recoins, ne laisse nulle ordure. Courage!

Il se tourna vers Galibert :

— Quant à toi, mon garçon, j'ai l'œil ouvert sur ta conduite, et si j'apprends qu'on t'a rencontré encore poursuivant Merlette à travers le Jougla ou Fonjouve, je ne manquerai pas de prévenir ton maître. Occupe-toi des moutons, qui te regardent, et ne t'occupe pas des filles, qui ne te regardent point... Dans tous les cas, te voilà averti.

Le jeune pâtre — il avait vingt ans à peine — courba son front, caché par une énorme abondance de cheveux blonds, me prit la main, et nous nous en allâmes en courant.

II.

Verjus, bardé et bridé, m'attendait à la porte de l'écurie, dans la cour qui faisait une entrée solennelle à la maison des Bassac. C'était une bête haute sur pieds, robuste, à la croupe bien ronde, à la robe luisante, d'un noir bleuâtre de corbeau. Son nom de *Verjus* lui venait de son extrême pétulance, pétulance qui apparaissait dans son allure dégagée et vive, surtout dans ses grands yeux bruns limpides, deux allumettes enflammées. On ne pouvait affirmer que le mulet de M. le maire fût ombrageux; mais il dressait l'oreille à tout propos et semblait sans cesse au moment de se cabrer. Si vous l'eussiez vu manœuvrer, quand le pâtre Galibert, lui ayant à nouveau énergiquement sanglé la sous-ventrière, voulut lui imposer les deux paniers d'osier, immenses et lourds, où je devais empiler mon charbon, à la mine de Brochin ! Il allait, venait, se collait contre la muraille, soulevait son arrière-train pour ruer. Mais, en dépit de tant de manèges rusés, Verjus ne put éviter la charge. Galibert alors le fit avancer jusqu'à l'une des bornes de pierre de taille défendant contre le contact des charrettes les murailles de l'habitation, me hissa sur l'une d'elles et j'enfourchai.

— Il ne faudrait pas avoir peur, au moins, *monsieur Jean!* me dit le pâtre.

— Sois tranquille, Galibert! lui répondis-je, réprimant à l'instant même un premier écart de Verjus.

Et je filai droit, tout en haut, vers le Jougla.

De Camplong, deux chemins mènent à Graissessac : la grande route fort douce, contournant la montagne et suivant le cours de la rivière d'Espase, et un raccourci fort raide escaladant le Jougla à travers d'antiques bois de châtaigniers. Quand je revenais des mines vers la paroisse, ma bête étant chargée, et souvent outre mesure, je suivais la grande route pour lui éviter la montée du Jougla, aussi rude du côté de Graissessac que du côté de Camplong; mais en allant à Brochin, je prenais toujours par les châtaigneraies.

Cependant, Verjus, après avoir traversé le village d'un train de galop qui me flattait infiniment, car plus d'une fillette, plus d'un garçonnet, debout au pas de sa porte, me regardait au passage droit comme un homme entre les paniers d'osier, cependant Verjus avait modéré son élan. Les dernières maisons dépassées, il respira de toutes ses narines et se mit au pas. Pour dire vrai, je n'en fus pas fâché : le galop me secouait trop, à la fin. Il fallait y songer, du reste : avant de m'arrêter aux mines, je devais aller trouver le vieux M. Alexandre Matheron dans son église, et la marche tranquille de ma monture serait bien plus favorable à mon examen de conscience que son allure trop vite, quand, sur le pavé de la paroisse, elle faisait feu des quatre fers.

Je me signai et me recueillis...

Mais croiriez-vous que, justement, le sentier où cheminait mon mulet, enfoui entre des ronces touffues, broussailleuses, hautes comme des murailles, était plein de pépiements, de bruits d'ailes, de soupirs, de chants! Examinez donc votre conscience, débrouillez donc l'écheveau de vos péchés, quand une ravissante mésange-charbonnière vous montre sa fine tête noire pleine de malice à la cime d'une branchette mouvante, qu'un bouvreuil familier étale effrontément sous vos yeux son ventre couleur de brique, qu'un rouge-gorge, de sa voix attristée d'automne qui semble crier : « Hiver ! hiver ! » vous touche au cœur tout à coup. Je les voyais, ces pauvres bestioles, voletant à force pour conserver l'élasticité de leurs membres dans l'air glacé de décembre, posant rarement leurs menues pattes au sol de peur de les geler. Pourtant, ne pouvant plus chasser les moucherons au vol dans une atmosphère qui était un désert, il leur aurait bien fallu découvrir soit une grenaille, soit un vermisseau. Et moi qui, possédant tout à souhait au presbytère, depuis le frontignan de mon oncle jusqu'aux biscotins de Prudence, n'avais pas su me munir de quelque provision pour ces malheureux oiseaux privés du pain quotidien ! Pourquoi, entraîné trop brusquement par Galibert, avais-je oublié mon quignon et ma bille de chocolat !...

Eh bien, Verjus en prenait à son aise ! On ne devinerait jamais à quel exercice il se livrait en ce moment. Tandis que moi, je m'apitoyais jusqu'aux larmes sur l'existence misérable des oiseaux de nos montagnes cévenoles, exposés souvent à mourir de faim, lui, sans que le moindre retrait de la bride l'y eût autorisé, s'était arrêté net, et, de sa dent vorace, rongeait goulûment les dernières ramures des églantiers. Ah! c'était ainsi qu'osait se comporter le mulet des Bassac, quand le neveu de M. le curé Fulcran — *Monsieur le Neveu*, ainsi qu'on m'appelait à la paroisse — le conduisait! Je le laissai à sa pâture; j'atteignis dans la poche de mon pantalon mon couteau de berger, — un cadeau de Prudence à la foire de Lunas, — et, comme d'une souche de châtaignier des jets vigoureux s'élançaient vers moi par-dessus les ronces, je saisis l'un des surgeons et d'un maître coup le détachai.

— Ah! monsieur Verjus!... Ah! monsieur Verjus!... ricanai-je.

Je le cinglai de la vigueur de mon bras.

A cette correction inattendue, la bête se cabra et j'ignore ce qu'il fût advenu de moi si je ne m'étais accroché à sa crinière de mes dix doigts. Peste, quels sursauts! Plus de bouvreuils, plus de rouges-gorges, plus de mésanges-charbonnières, plus de chemin creux parmi les ronces. J'étais en pleines châtaigneraies du Jougla, glissant comme un trait à travers les arbres, exposé à me casser la tête contre la première branche trop basse que je rencontrerais. Je n'en rencontrai pas, heureusement, et Verjus, qui n'était pas une bête de course, ayant fourni tout son souffle, demeura planté et ne bougea plus. De ses naseaux épuisés s'échappaient des nuages de vapeur. Je fus ému de pitié et, lui caressant l'encolure du plat de la main :

— Je ne le ferai plus, je ne le ferai plus..., lui répétai-je.

Il comprit, fut touché, puis se remit en marche.

Le danger que j'avais couru et dont je demeurais effaré, me fit trouver bien ridicule l'obstination de mon oncle à nous envoyer perpétuellement, sa gouvernante et moi, nous confesser en dehors de la paroisse. Pourquoi ne nous confessait-il pas lui-même? Il nous connaissait si bien qu'avec lui un examen de conscience aurait été inutile, tandis qu'avec M. Alexandre Matheron, avec M. Victor Beaumel!...

Ces voyages entrepris de temps à autre vers Graissessac, hissé comme un évêque sur la magnifique monture de M. le maire, comptaient parmi mes grandes joies au village, où je n'en connaissais guère d'autres en hiver que de prendre des tourdes à mes trébuchets du roc de Bataillo, et il fallait qu'aujourd'hui je fusse presque triste en traversant le Jougla. Pourtant, je sentais Verjus sous mes mollets, et

Verjus n'avait rien perdu ni de sa force ni de sa beauté. Cet ennuyeux examen de conscience était le trouble-fête. Il en avait été de même à ma précédente excursion aux mines, la veille de la Toussaint. Je ne sais comment s'arrangeait mon oncle, mais au presbytère on manquait toujours de charbon à l'approche des *Solennités*... Oh! les courses dégagées de préoccupations! les courses libres! J'en avais fait quelques-unes l'année d'avant, et leur souvenir ne contribuait pas peu à me distraire de ce qui aurait dû m'occuper, me retenir, me captiver. Tout d'un coup mes lèvres murmurèrent :

« On pèche en pensées, en paroles, en actions, en omissions. Examinons-nous... »

Ah! bien oui, s'examiner! Verjus venait de prendre un petit trot très agréable, et ce petit trot, en me brouillant les idées dans la tête, me retenait plus que jamais sur la pente de l'an dernier...

C'était vers le commencement de décembre, je crois. — Quel jour? La date importe peu. Mettons que c'était le 5. — Je ne songeais pas à me confesser, le 5, et je cheminais avec Verjus le plus gaiement du monde; lui, allait le pas qu'il lui plaisait d'aller, moi, je chantais comme un perdu. Quel amusement de chanter, surtout dans la campagne, où l'on peut mêler sa voix à la voix des oiseaux!... Quand je

touchai à Brochin, il neigeait, oh! il neigeait!...
La Compagnie des mines donne leur chauffage
gratis aux trois curés des trois paroisses de la
commune de Camplong, MM. les abbés Fulcran,
Matheron, Beaumel. Ayant remis un mot de
mon oncle à l'employé, je m'approche d'un
énorme monceau de houille, et je commence
à charger ma bête, qui secoue les oreilles et
joue du sabot, car la neige l'ennuie. Mais on
ne devinerait jamais ce qui m'arrive. Chaque
fois que je jette un morceau de charbon dans
un des paniers, — le panier de droite, je suppose, — un morceau de charbon égal à celui
que j'ai lancé tombe dans le panier de gauche.
Je ne comprends pas et je regarde. Il n'y a
personne par là. Je recommence. On recommence. Est-ce un miracle? Je passe vivement
de l'autre côté de Verjus, et je découvre —
bien entendu, je n'ai pas conté ma découverte
à Prudence — et je découvre Merlette, oùi,
Merlette, la fille de Virginie Merle, avec son
âne *Jacquet*. La Compagnie des mines laissant
pour rien aux veuves des ouvriers morts au service de l'exploitation le *nerbi*, un charbon mêlé
de pierre crue, qui brûle mal, Merlette est venue
chercher du *nerbi* avec Jacquet. — « Toi! lui
dis-je, enchanté qu'on m'aide par ce temps
affreux. — Ne vous salissez pas les mains,
monsieur le neveu, me répond-elle; je vous

aurai bientôt chargé Verjus toute seule. » — Elle est devant moi, blanche de neige, se baissant, se relevant, puis se baissant encore et se relevant de nouveau. Mes paniers s'emplissent jusqu'aux bords, et Verjus marque quelque impatience d'en finir. On n'est pas plus paresseux que je ne le suis : je me contente d'admirer Merlette s'escrimant comme un homme, et mes doigts ne touchent plus au charbon. Franchement, je ne sais à quoi je pense tandis que cette pauvre petite de treize ans se tue à la besogne pour moi qui en ai quatorze. Je ne pense à rien ; je dévisage Merlette, et sa vue me procure une telle faiblesse, que si mes bras, je le sens bien, s'essayaient à soulever le plus petit quartier de houille, ils ne le pourraient nullement. C'est comme ça. — « Partons ! » dit-elle. — Moi, je ne souffle mot, et, Verjus devant, Jacquet derrière Verjus, je suis Merlette qui pousse nos bêtes vers le grand chemin...

« Tu n'es pas honteux ! tu n'es pas honteux ! » hurle ma conscience, exaspérée de l'oubli où je la laisse.

Assurément, je suis très honteux, car, en me réveillant de mon aventure avec Merlette, j'éprouve, au milieu du Jougla, une chaleur extrême au front, comme en été quand, au sortir de l'ombre, on traverse un morceau de soleil. Je demeure étourdi par tous les autres cris qui montent du fond de moi-même et qui sont autant de reproches fort durs. Voilà ce que ça me vaut, ayant à disposer mon âme à la contrition, de m'égarer — oui, m'égarer ! — dans la souvenance de cette Merlette de Virginie Merle, plus noire qu'une taupe, plus laide qu'un péché mortel.

Mais Verjus ne se gêne pas le moins du monde. Tandis que moi, sans souci de mes devoirs d'aujourd'hui, veille de Noël, je courais aux choses peu honnêtes d'autrefois, il ne courait à rien, lui : il s'arrêtait au contraire sur ses quatre pattes, et, de ses babines outrageusement allongées, atteignait des bourgeons d'arrière-saison, suprêmes gouttes de sève que l'hiver trop clément jusqu'à cette heure n'a pu refouler aux profondeurs du sol, et les croquait en joie. Furieux contre moi-même encore plus que contre ma monture, je lève ma souple cravache de châtaignier et vais frapper à tour de bras. Je ne frappe aucunement ; je câline ma bête de la main, de la voix, redoutant de recommencer l'élan vertigineux où j'ai failli me rompre le cou, et Verjus, sensible à mes prévenances amicales, pousse en avant d'un pas mesuré.

Me voilà tranquille. Enfin, je vais sans distraction aucune pouvoir m'occuper de « me fouiller jusqu'aux entrailles, » selon l'expression de M. Alexandre Matheron. M. Alexandre Matheron, chaque fois que je parais au confessionnal, me recommande de « me fouiller jusqu'aux entrailles. » — « Mon fils, vous êtes-vous fouillé jusqu'aux entrailles ? » — Je ne demanderais pas mieux, si je savais. Malheureusement, je n'ai pas découvert un péché, un gros, que mon esprit, comme un oisillon rusé pris à mes gluaux, décolle ses ailes empêtrées à mes imperfections, et s'échappe. Zitt !...

Voyons, quels sont mes manquements graves, soit en *pensées*, soit en *paroles*, soit en *actions*, soit en *omissions* ? Une chose très ennuyeuse, c'est de faire à M. Matheron, que cela ne doit pas amuser non plus, l'aveu des mêmes misères. Je débute ainsi perpétuellement : — « Mon père, je m'accuse, en remplissant, pour « le saint sacrifice de la messe, la burette de « vin de Frontignan, de n'avoir pu résister à « la tentation et d'avoir bu une gorgée... — « Mais, mon fils, vous n'avez pas bu à même « la burette, je suppose ? — Pardonnez-moi, « mon père, j'ai bu le frontignan à même la « burette, dans la sacristie... »

Encore que, ce matin, j'aie dit bonjour, non à la burette, mais à la bouteille avant de la renfermer dans le vestiaire, ce qui est très

grave, les glouglous de la bouteille étant plus
nourris, plus longs, on dirait plus frais que
ceux de la burette, je donnerais bien quelque
chose pour commencer ma confession par un
péché nouveau, un péché peu ordinaire, sérieux, corsé. Si j'avouais au respectable
M. Alexandre Matheron qu'en venant le trouver, au lieu de marcher dans « l'amertume de
mes fautes, » comme désire que l'on marche
mon o..., j'ai marché dans le souvenir de
Merlett ? Merlette est une fille, et il paraît
qu'avec une fille, si j'en crois mon oncle
Fulcran, même Prudence, entêtés à me répéter
de fuir les filles du catéchisme, un garçon
peut commettre les cent abominations de la
terre. Pareil aveu produirait quelque effet.
Je suis las, à la fin, de débiter à M. le curé
de Graissessac les mêmes sornettes insipides.
Je veux me poser par un coup d'éclat, et je
me poserai. Il me fâche de n'avoir, au tribunal
de la Pénitence, qu'à balbutier des enfantil-
lages. Je vais accomplir mes quinze ans, et je
serai un homme bientôt. D'ailleurs, si j'y
réfléchissais, si je me « fouillais jusqu'aux
entrailles, » est-il certain que mon voyage de
l'année passée avec Merlette ait été d'une innocence parfaite ? Il tombait de la neige par
tas ; mais ma mémoire me replace sur la route
où je cheminais à côté de Merlette, et, je m'en

souviens très bien, j'écoutais sans en perdre un mot les bavardages de cette fille, je les écoutais avec plaisir, encore que j'en fusse troublé, et ces bavardages ne devaient être ni chose très religieuse ni chose très pure. — Oh! la pureté, dont on m'entretient sans cesse à la cure! — Puis, il n'y eut pas que des paroles échangées entre Merlette, effrontée comme une pie, et moi, timide comme un roitelet. Sur la route, *Aux chevaux de Renfort*, l'auberge d'Augustin Bitirac, Merlette proposa de nous nettoyer les mains dans l'auge où l'on abreuve les chevaux. Ensorcelé, je trempai les miennes ; mais à l'instant je sentis mes doigts dans les siens, et elle me les serrait, me les serrait !... — « Je veux vous laver les mains, monsieur le neveu, je veux vous les laver. » — Cela valait un bon soufflet, n'est-il pas vrai ? Non, je la laissai faire...

J'en étais là de mon examen de conscience, car cette fois je m'examinais réellement, quand une grosse châtaigne, m'ayant frappé au dos, roula dans l'un des paniers de Verjus. Il restait donc des fruits à la cime des branches? Une autre châtaigne m'atteint à la tête, une autre au bras ; je suis criblé.

— Eh bien ! eh bien !...

Un rire clair me répond de derrière un

taillis dépouillé de ses feuilles. J'entrevois Merlette, c'est elle !

« Mon Dieu, je suis le neveu de M. l'abbé Fulcran, qui est un saint ; mon Dieu, venez à mon secours ; sauvez-moi du *serpent,* puisque la femme est un *serpent* et que « la fille est le « commencement de la femme, » aux termes des Livres Saints ! »

III

A la vue de cette fille, de cette fillette, devrais-je dire, je fus pris d'un tel tremblement des membres, qu'à n'en pas douter, je serais tombé du haut de ma monture, si Verjus ne se fût arrêté soudain. Verjus avait de l'esprit jusqu'au bout de ses oreilles pointues : il devinait ma situation et ne voulait pas qu'il m'arrivât dommage. Cependant, cette fine couleuvre de Merlette, se faufilant à travers les taillis de châtaigniers sauvages, à travers la *brouto*, pour employer le mot du pays, tirait vers moi.

— Halte là! lui criai-je, transi de peur et levant ma baguette.

Elle se mit à rire, me montrant, dans sa face très brune, encapuchonnée d'un mouchoir rouge trop grand, toutes ses dents qui se moquaient de moi.

— Si tu avances encore, je tape! lui dis-je, tenant toujours l'arme haute.

— Qu'est-ce que cela me fait, les coups!

Et, d'un bond de chevrette, elle sauta à la bride de Verjus, dont elle s'empara.

— Et à présent?... interrogea-t-elle.

Je demeurai interdit.

— Vous voyez bien, monsieur Jean, reprit-elle, que si, au lieu de me menacer avec votre brin de châtaignier, vous en aviez fouetté Verjus, vous seriez loin à cette heure... Vous avez donc peur de moi, monsieur Jean?

Encore que Merlette me parût fort laide, qu'elle m'effrayât beaucoup, je l'écoutais. Sa voix fraîche chantait pareille à la voix de la fauvette, dont la petite, sous ses haillons, avait l'allure vive, dégagée, sautillante. Non, non, elle ne ressemblait pas à la couleuvre qui rampe; elle ressemblait à la fauvette qui vole. Puis elle avait une façon de me dire *Monsieur Jean!* que je ne connaissais à personne dans le village, pas même à mon oncle, et qui me ravissait.

— Que fais-tu dans les châtaigneraies du Jougla? balbutiai-je. Es-tu là avec tes frères Julot et Milou?

— Je suis seule.

— Que fais-tu?

— Je glane.

D'un mouvement des épaules, elle ramena au devant de sa poitrine un sachet de toile qui lui pendillait sur le dos et me le montra débordant de magnifiques châtaignes de *jeanne-longue*, la première qualité de châtaignes, aux monts d'Orb.

— Tout ça! m'écriai-je, étonné.

— Oh! quand je veux!...

— Tu ne veux donc pas toujours?

— Des fois, ça m'ennuie de besogner. Je pars tout de même pour le Jougla; mais, au lieu de chercher les pelons où il peut rester du fruit, de les écraser entre deux pierres, je ramasse des brassées de feuilles sèches; je m'arrange un lit gentiment, et je m'y roule en riant comme une folle jusqu'à demain.

— Mais tu n'es pas folle, au moins!

— Oh! non, monsieur Jean, je ne suis pas folle... Seulement, pour parler vérité, j'aime mieux ne rien faire que travailler. Voilà mon caractère, si vous voulez le savoir.

— C'est un mauvais caractère, ça.

— Alors, vous, monsieur Jean?...

Moi ?... Comment ! elle avait l'audace de m'interroger, d'établir je ne sais quelle comparaison entre son glanage misérable par la campagne, et mes devoirs de latin, de grec, de français, écrits sur la table ronde de notre salon, sous les yeux de mon oncle Fulcran ?

— Ah ! ah ! ricana-t-elle, secouant la bride au mulet, qui eut l'air de se cabrer.

— Prends garde ! Verjus va te marcher sur les pieds.

— J'ai mes sabots.

Et, me dévisageant de ses deux yeux, qu'un renflement singulier de la paupière supérieure faisait paraître minces comme deux fins bouts de fil noir :

— C'est vous, monsieur Jean, qui avez peur de Verjus, c'est vous, ce n'est pas moi.

— Enfin, lâcheras-tu cette bride et me laisseras-tu passer !

— Amenez-moi avec vous à Brochin.

— Est-ce que tu sais si je vais à Brochin !

— Je vous chargerai Verjus toute seule, comme l'autre fois,... Vous en souvenez-vous ?

— Je vais me confesser d'abord, et je ne sais à quelle heure je pourrai arriver à la mine.

— Je vous garderai la bête pendant que vous vous confesserez... Oh ! faites-moi ce plaisir !... J'ai envie de m'asseoir sur Verjus, derrière vous... J'ai une envie !...

Il n'est pas de mot pour traduire l'accent de sa prière. C'était quelque chose tout ensemble d'humble, de doux, de furieux, de passionné. Comme je la regardais très troublé, mais en même temps très résolu à résister à son désir, — me voyez-vous traversant Graissessac avec une fille en croupe! — par la fente de ses yeux des larmes s'échappèrent, une seconde demeurèrent suspendues au bord de ses cils, puis, pareilles à d'énormes gouttes de pluie, roulèrent au long de ses joues.

— Monte! lui dis-je, le cœur partagé par une émotion qui lui fut comme un coup de couteau sur un fruit.

Elle abandonna la bride, vint à moi tête baissée.

— Donnez-moi la main, monsieur Jean, implora-t-elle.

Je fus déloyal... Oh! d'une déloyauté que je me reproche encore aujourd'hui quand, après plus de trente ans, je me remémore cette scène. Loin de tendre la main à Merlette confiante, je cinglai Verjus, qui s'enleva des quatre fers et partit plus prompt que le vent.

— Méchant!... méchant!...

Ce cri aigu parvint à mon oreille dans le tourbillon qui m'emportait.

Mais Verjus, lourd comme les animaux de

sa race, après avoir fourni un temps de galop, demeura planté. Il faut le reconnaître, le morceau qu'il venait de franchir d'un trait, est le plus rude morceau de la montée. A cet endroit de la côte, la marche devient fort difficile, la roche schisteuse, enfouie depuis Camplong aux profondeurs du sol, hérissant le terrain de blocs énormes qu'il faut tourner sans cesse et qui s'exfolient sous les pieds. Ma bête, rendue, respira; je ne songeai pas le moins du monde à l'inquiéter, me jugeant bien loin de cette affreuse Merlette dont la voix, encore qu'elle eût la force de la voix du loriot, ne retentissait plus dans les châtaigneraies. Verjus se remettant à son aise d'un élan trop vite, je me remis à mon aise aussi de mon épouvante, car cette fille de Virginie Merle, avec ses rires, avec ses larmes, m'avait fait connaître un effroi de l'âme et du corps que je n'avais jamais éprouvé auparavant. Horrible Merlette ! Prudence avait bien raison de la croire capable de tout !

Ce mulet de M. le maire était tout de même un mulet très malin, très rusé. Il s'était bien gardé de s'arrêter à la pente de quelqu'une de ces masses glissantes qui encombraient le chemin autour de nous; il avait choisi, pour y reprendre haleine, s'y reposer, un coin très sec entre deux entassements de rochers le surplombant, le protégeant, l'abritant. Par-dessus ma tête, par-dessus les pompons de la têtière de ma monture, le vent âpre de décembre, qui mord la peau comme s'il avait des dents, passait et ne nous mordait pas. De ce réduit, sorte de *cagnard* créé tout exprès pour nous offrir un asile après tant et tant de traverses, le jour étant très clair, grâce à un bout de soleil dans le ciel balayé, j'aperçus, à droite, au fond de la vallée, l'Espase avec une métairie des Passettes trempant ses pieds dans la rivière ; puis, à gauche, également au fond d'une autre vallée, le ruisseau noir du Clédou avec le hameau du Castan se mirant au fil de l'eau. Ces grandes taches bleuâtres, d'un côté comme de l'autre, à travers les arbres dépouillés, c'étaient ici les maisons de Camplong, là-bas les maisons de Graissessac. Le beau spectacle que ces montagnes chargées de troncs populeux aux branchages dénudés, dégringolant vers des combes tantôt larges, tantôt étroites, avec des courants d'eau vive, puis, ayant dégringolé, se redressant fièrement et se déployant à l'horizon jusqu'à ce qu'elles finissent par entrer dans les nuages, y disparaître, s'y noyer ! Je ne sais pourquoi, moi, je prenais plaisir à voir l'Espase, à voir le roc de Bataillo, et, entre les deux, les bergeries des Bassac, — le royaume de Galibert et de son bélier mérinos *Caramba*. Peut-être était-ce parce que dans l'Espase j'avais pêché des truites superbes, qu'à Bataillo des grives farcies de baies de genièvre s'étaient prises à mes trébuchets, et que, mangeant les unes et les autres, mon oncle à plusieurs reprises m'avait répété : — « Petit, c'est très bon, ta chasse, c'est très bon. » — Pour les bergeries des Bassac, royaume de Galibert et de Caramba, qui sait si, en les regardant, je ne m'occupais pas de Merlette ?

A ce moment où je venais de démêler les bergeries et le *séchoir* à châtaignes des Bassac, un son de cloche, traversant l'air, me parvient à la cime du Jougla. Je ne reconnais pas notre cloche, que je sonne chaque matin pour la messe basse, dont les vibrations sont aussi familières à mon oreille que les notes de l'accordéon de mon oncle Fulcran. Vrai ! elle a un joli timbre, la cloche de Graissessac, achetée dernièrement à Marseille, un plus joli timbre que la nôtre. Je me sens humilié. Je me souviens alors que cette cloche si bruyante, si tapageuse, qui ose monter jusqu'au sommet du Jougla et peut-être plus haut, a failli devenir la cause d'une brouille entre mon oncle et M. Alexandre Matheron. J'étais présent aux reproches très vifs et très légitimes que M. le curé de Camplong, froissé de savoir dans la commune une cloche pesant vingt-cinq quintaux de plus que la sienne, adressait, un jour, à M. le curé de Graissessac, et je trouve qu'en cette circonstance M. le curé de Camplong a manqué d'énergie. M. Alexandre Matheron avait beau prétendre que les protestants de sa paroisse — il a des protestants chez lui, nous n'en avons pas chez nous, grâce au ciel! — que les protestants de sa paroisse, en inaugurant leur temple neuf, plus grand que leur temple ancien, et y établissant une manière de bourdon, l'avaient mis dans la nécessité de remplacer sa vieille cloche, grosse comme les deux poings, un grelot, par une cloche plus respectable et par sa forme et par son poids ; moi, je ne l'aurais pas écouté, ce matois de M. Alexandre Matheron! je me serais brouillé avec lui et aurais écrit à Monseigneur. Il convient de montrer du caractère dans l'occasion. Malheureusement, le caractère n'est pas le fort de mon pauvre oncle Fulcran, qui souffre de la poitrine depuis des années. Je voudrais que M. le curé de Graissessac eût eu affaire à Prudence ou à moi!...

Est-elle assez insupportable, cette cloche de Marseille, avec ses gros *ding-dong! ding-dong!* — Mon Dieu, ne faites donc pas tant de bruit à Graissessac, monsieur Alexandre Matheron ; n'alarmez pas tout le pays. On sait qu'il est

midi, et personne ne songe à oublier l'*Angelus*.
Je vais le réciter, moi :

« *Angelus Domini nuntiavit......* »

Je n'avais pas articulé ces trois mots latins que la barde de ma monture éprouva une secousse énorme. Est-ce que Verjus, gonflant son ventre en des essoufflements prolongés, aurait fait éclater ses sangles, par hasard ? Je vais sauter sur le sol, quand un bras, un bras nu ! se coule le long de ma taille et me retient. En même temps, Merlette m'emplit les oreilles d'un ricanement sec qui me donne la chair de poule de la tête aux pieds.

— Veux-tu me laisser ! veux-tu me laisser !

— Ah ! vous avez pensé, monsieur le neveu, que je ne vous rattraperais pas ! me répond-elle... Certainement, j'aurais pu courir jusqu'à l'église de Graissessac sans vous tenir, si Verjus avait un cœur aussi mauvais que le vôtre ; mais Verjus vaut mieux que vous. Me sachant derrière, il m'a attendue, ce brave Verjus, l'ami de Galibert, mon ami...

Et s'adressant au mulet de M. le maire :

— Merci à toi, Verjus, merci à toi seul.

— Comment t'y es-tu prise pour monter ? Je ne t'ai point vue.

Il ne me restait qu'à ruser pour me délivrer d'elle encore une fois ; et, malgré ma colère profonde, je lui parlais avec une extrême douceur.

— Verjus était accoté à un grand rocher, dit-elle; j'ai cheminé jusqu'au bout du rocher; puis, au lieu de monter sur la barde, j'y suis descendue.

Quel esprit elle avait, cette fille de Virginie Merle, la pauvresse, et de Benoît Merle, le mineur!

— A présent, que vas-tu faire?

— Je demeure avec vous.

— Et pourquoi veux-tu demeurer avec moi?

— Tiens! parce que j'aime beaucoup aller avec les garçons. C'est amusant, ça... Des fois, quand je rencontre Galibert du côté de ses bergeries, nous nous emportons en courses à travers les châtaigneraies, et, si nous finissons par nous rencontrer, nous nous donnons des coups, puis nous nous prenons les mains, et nous rions, nous rions!... Galibert, qui sera bientôt un homme, est plus hardi et plus en vigueur de jeunesse que moi. L'autre jour, par les taillis de Fonjouve, où il gardait ses moutons avec Julot et Milou et où nous batifolions à l'habitude, il m'a serrée si fort que j'en ai crié. Alors, pour me consoler, il m'a embrassée. C'était mal, ce baiser; mais, je vous le promets, monsieur Jean, encore qu'il me piquât un brin, je l'ai trouvé plus doux que le miel jeune quand on le rapporte frais du rucher avec quelques abeilles dedans.

Croiriez-vous que moi, sur le chemin de la confession, qui aurais dû, à cause de cela, repousser cette Merlette perfide du haut de la barde, par-dessus les paniers d'osier, la faire au besoin piétiner par Verjus, j'écoutais tranquillement ses bavardages, incapable de me déprendre d'elle, séduit par je ne sais quel charme de sa voix, paralysé par son étreinte, inerte comme le pauvre oiseau que quelque serpent grise de son souffle et qui sera bientôt avalé... Oui, « la femme est un serpent, et la fille est le commencement de la femme, » aux termes des Livres Saints.

Le plus triste en cette aventure, c'est que Verjus, commandé par elle, lui obéissant mieux qu'il ne m'obéissait, venait de se remettre en marche et que, sans que j'y pusse rien, nous descendions. Nous n'allions pas vite, cette Merlette gouvernant le mulet paisiblement en un sentier étroit, rocailleux; mais nous allions tout de même. — Entrerais-je dans Graissessac avec cette fille en croupe? — Si encore elle ne s'était pas obstinée à me faire une ceinture de son bras nu! Ah! ce bras nu, comme il me gênait! Et pourtant mes yeux ne savaient s'en détacher. Je le regardais à chaque mouvement de va-et-vient qu'en une descente si raboteuse nous imprimait la monture, et ces mouvements de va-et-vient se produisaient à chaque pas. Ce bras maigre de fillette, un peu hâlé au soleil et au vent de chez nous, rudes tous les deux, me paraissait très joli dans sa forme un peu grêle, et je ne sais pourquoi, encore que marri d'être embrassé à la taille par lui, je n'en étais pas fâché. Il me semblait, au milieu du remords de mon examen de conscience oublié, que mon cœur, grâce au contact de ce bras nu et à d'autres contacts, car, soit par sa faute, soit par la faute de Verjus, Merlette me touchait tantôt de son épaule, tantôt de son menton, il me semblait que mon cœur s'en allait de plaisir. Me trouverais-je mal, à force d'être heureux dans ma honte ?

— Regardez-moi donc un peu, monsieur Jean, regardez-moi ! me chanta-t-elle d'une voix vibrante et fine que je ne pourrais comparer qu'à la voix vibrante et fine d'une linotte de l'Espase.

Je n'aurais pas dû lui répondre. Je lui répondis sans m'en apercevoir :

— Pourquoi te regarderais-je? Tu sais bien que mon oncle ne cesse de répéter, au catéchisme, que les garçons font un péché mortel quand ils regardent les filles.

— Eh bien, faites un péché mortel ! Un de plus, un de moins !... M. le curé de Graissessac vous baillera l'absolution aussi bien pour cent que pour dix.

— Et le bon Dieu ?

— Le bon Dieu s'occupe bien de ça! S'il fallait que le bon Dieu tînt compte, au ciel, de tous les baisers que, dans Camplong seulement, les filles et les garçons se donnent à bouche-que-veux-tu !...

Encore une bonne occasion de me taire; mais le Démon me possède, et c'est lui qui me met la langue en branle :

— Comment, les filles et les garçons de la paroisse se donnent tant de baisers ?...

— Je voudrais que vous vissiez Galibert, quand il me tient !...

— Je rapporterai cela à mon oncle Fulcran.

— Pourquoi les filles sont-elles jolies, et pourquoi les garçons sont-ils plus jolis que les filles ?...

— Ce n'est pas vrai, les filles sont laides...

— Alors, moi, monsieur le neveu, je ne vous plairais pas comme je plais à Galibert?

Cette fois, par exemple, j'eus beau ouvrir la bouche, il n'en sortit pas un mot. Et cet abominable Verjus qui, à cet instant, s'avisa de demeurer fiché sur ses quilles! Il n'était donc pas de mon parti, ce mulet de M. le maire, auquel, en diverses rencontres, j'avais donné un morceau de sucre économisé sur le sucre de mon café? Où voulait-il en venir, cet animal, avec ses haltes perpétuelles? Mais, dans l'espèce d'hébétude délicieuse où me plongeaient les jaseries de Merlette, si nouvelles à mon oreille, à mon âme enfantine hermétiquement close par mon oncle, j'avais le sentiment qu'on s'agitait derrière moi, qu'on se mettait debout. Le bras qui me tenait à la taille s'était délié. Cette fille de Virginie allait sans doute sauter et disparaître parmi les broussailles du Jougla. J'éprouvai tout ensemble un soulagement et une peine. — Mon Dieu, elle aurait pu rester avec moi jusqu'à Graissessac, jusqu'à l'auberge du *Feu-Grisou*, la première maison du village. — A l'instant je fus puni de cette pensée coupable : les lèvres de Merlette se collèrent à ma joue droite, puis à ma joue gauche, et me brûlèrent comme un fer rouge chez le maréchal Valat.

IV

Ah! si je n'avais pas craint, en la repoussant, de tuer cette fille sur les grosses pierres du chemin! Après ma joue droite et ma joue gauche, je fus obligé de lui abandonner mon front, mes yeux, qu'elle cribla à plaisir. Que faire? Je ne pouvais pourtant pas, pour la misère d'un péché, peut-être véniel, que je confesserais bientôt d'ailleurs et dont je serais absous, amener quelque malheur irréparable. Puis, à ne rien céler, je n'étais pas sans éprouver la justesse du dire de Merlette, qui avait comparé le goût d'un baiser au goût du miel.

La fine mouche ne se trompait mie, car, l'automne passé, quand mon oncle Fulcran, le visage caché derrière un masque de treillis en fil de fer, les mains enfouies en de vieux gants de filoselle, avait procédé au curage des ruches du jardin, et que j'avais en tapinois caressé un rayon tout chaud de la largeur de ma langue, je n'avais pas ressenti par tout le corps la douceur que j'y ressentais en ce moment.

« Ce que c'est tout de même que les lèvres d'une fille appliquées sur les joues d'un garçon!... » pensai-je, le jugement brouillé.

Cependant, Verjus, dont la cervelle autrement solide que la mienne, au lieu de battre la campagne, s'occupait aux choses simples du devoir, avait continué de descendre en droiture devers Graissessac, et déjà nous apercevions les maisonnettes du village avec le panache de fumée qui flotte au front de chacune d'elles, car il s'en faut que la paroisse de M. l'abbé Alexandre Matheron, si elle possède une grosse cloche, soit aussi propre que la paroisse de M. l'abbé Fulcran. Mon Dieu! à Camplong, en automne, les séchoirs à châtaignes — on fait, chez mon oncle, un énorme commerce de châtaignes sèches, de *châtaignons*, comme on dit — les séchoirs à châtaignes rendent bien un peu de fumée; mais qu'est la fumée claire de nos séchoirs rapprochée des nuages opaques qui s'échappent toute l'année des trois cents forges de Graissessac! Tandis que, dans le pays d'où je viens, sauf de rares ouvriers mineurs, tout le monde travaille aux champs, en plein air, en plein soleil, dans le pays où je vais chacun bat le fer, fabrique des clous. Ce doit être fort ennuyeux pour le respectable M. Alexandre Matheron : il n'est pas un de ses paroissiens qui ne trime soit aux mines de *Sainte-Barbe,* d'*Eugène,* des *Nières,* de *Brochin,* soit aux clouteries partout éparses, et sur les pentes de la montagne du Castan, et le long du Clédou.

Bon! voilà le grincement des wagonnets de Brochin qui parvient jusqu'à nous. J'aperçois des bandes d'enfants, plus noirs que des ramoneurs, poussant les *chiens* — c'est le nom de ces wagonnets — vers d'énormes monceaux de houille, où ils les vident avec fracas. — Que ça m'amuserait, moi, de conduire un wagonnet!
— Encore un bout de châtaigneraie franchi, et nous atteignons la mine. Tant pis! Merlette me gardera Verjus, me le chargera pendant que j'irai à confesse. Pour mon examen de conscience, je le ferai dans l'église décidément. Aussi bien je serai mieux là, en face de la sainte Vierge, pour regretter mes fautes anciennes et pour déplorer mes fautes nouvelles. — Ah! ces nouvelles! où découvrirai-je des mots pour les

avouer à mon confesseur? où prendrai-je le front nécessaire pour parler des baisers de cette fille de Virginie Merle, surtout du goût de miel que je leur ai trouvé?

Soudain, voilà Merlette qui saute dans le sentier. — Pourquoi saute-t-elle? Nous ne sommes pas encore à Brochin. Elle est bien pressée...

— Allons! me dit-elle, s'emparant de la bride de Verjus et l'arrêtant, comme tout à l'heure en plein Jougla.

— Que me veux-tu, à présent?
— Je veux que vous descendiez, pardi!
— Quand nous arriverons à Brochin.
— Non, tout de suite.
— Pourquoi?
— Je vous le dirai. Descendez d'abord.

Ses yeux, plus noirs que deux têtes de clous, plus affilés que deux pointes de clous, — des clous neufs de Graissessac, — me piquent jusqu'au sang. Un incroyable malaise m'oppresse, et je m'agite sur la barde de mon mulet, n'osant suivre le conseil qu'on me donne, mais tenté à en avoir le vertige, à croire que je vais tomber. Pourtant, je me suis à tout événement cramponné de mes dix doigts aux paniers d'osier, et je résiste.

— Monsieur Jean!... monsieur Jean!... me chante Merlette, les bras tendus vers moi comme des ailes.

Oui, vraiment, c'est un chant, non plus un chant doux de fauvette, — on n'en aperçoit plus guère, de fauvettes, dans les jardins, depuis les froids; — mais un chant plus fort, plus pénétrant, de grive. — On en voit tant, de grives, parmi les genévriers, en cette saison surtout, *du côté de Bataillo.*

— Monsieur Jean!... monsieur Jean!...

Oui, en l'écoutant, c'est à se croire au roc de Bataillo, quand j'y vais relever mes pièges et que toute espèce de bruits charmants, bruits d'envolements, bruits de becs, glissent à travers les taillis.

— Monsieur Jean!... monsieur Jean!... répète-t-elle pour la troisième fois avec un redoublement d'intraduisible tendresse, les paupières mi-baissées, une larme au bout de chaque cil.

Ma foi, je n'ai pas trop conscience de la chose, mais je glisse le long de l'encolure de Verjus, je glisse... et me voilà, à un appel irrésistible, debout sur mes jambes au milieu du chemin. Merlette est près de moi; elle a abandonné le mulet; elle m'a pris une main dans les deux siennes. De quelle force elle serre cette main, — c'est la droite, je crois, — de quelle force elle la serre! Elle me regarde comme si elle ne m'avait jamais vu, comme si elle ne me connaissait pas, comme si je n'étais pas toujours le neveu de M. le curé Fulcran; puis elle me sourit. Ce sourire est ce que j'ai connu au monde de plus aimable, de plus joli, de plus frais, de plus nouveau. On sourit certes au presbytère de Camplong, et, après des leçons récitées sans faute, un thème sans barbarisme, mon oncle m'a souvent souri. Mais, bonté divine! quelle différence entre le sourire de mon oncle Fulcran que j'aime, et le sourire de cette petite de Virginie que je n'aime pas! Je cherche d'où vient cette différence extraordinaire, et mes yeux, une fois englués à la contemplation du visage de Merlette, ne savent plus s'en détacher. Cela est évident, chez personne je n'ai remarqué une physionomie si spirituelle, si fine, si amusante. Sa peau très brune, son œil très vif, tout son museau espiègle délicatement allongé, son nez mignon et très mobile, donnent à Merlette des airs de souris en maraude qui font plaisir. Pourquoi ce plaisir? Je l'ignore; mais je le goûte profond, immense, j'en suis débordé. Si Galibert, le pâtre des Bassac, ressent auprès de Merlette les joies qui me troublent, je ne puis lui en vouloir de la rechercher dans le village, de courir après elle à travers le Jougla, de l'accoler de toute la force de ses bras quand il est parvenu à l'atteindre au roc de Bataillo. Oh! mais si! si! je lui en veux, et, pourvu qu'il recommence ses embrassades, c'est à moi que Galibert aura affaire... Et ce Verjus des Bassac qui, devinant mes préoccupations peu favorables à son ami le pâtre, me lance des œillades furieuses et allonge ses grosses lèvres goulues jusqu'à ma casquette pour la mordiller en manière de passe-temps. Il y a ma tête dans ma casquette, imbécile!...

— Alors, c'est convenu, monsieur Jean, vous m'aiderez à achever ma glanerie?

— Et ma confession?

— Vous vous confesserez lorsque mon sachet sera plein.

— Et le charbon qu'il faudra aller charger à Brochin?

— Dans les tènements d'ici, ce n'est pas comme dans les tènements de chez nous : on oublie beaucoup plus de châtaignes sous les arbres. Notre besogne sera bientôt finie... Vous voulez, n'est-il pas vrai, monsieur Jean?

Ah! ce *Monsieur Jean!*

— Oui, je veux, oui.

Merlette tourne à droite; je la suis; Verjus, dont personne ne s'occupe, me suit à son tour, et nous nous trouvons tous trois — la bête pour nous est comme une personne humaine — dans une châtaigneraie à perte de vue, dont un côté incline en pente jusque sur les maisons de Graissessac.

Alors, commença le plus ravissant des vagabondages. Nous montions et nous descendions, puis nous remontions et nous redescendions, à droite, à gauche, dans tous les sens, quelquefois suivant de minces raidillons à peine tracés, le plus souvent en traçant nous-mêmes de nouveaux. Le froid était piquant ; mais le ciel très pur, malgré décembre, n'avait pas perdu tout son soleil, et de magnifiques barres de clarté tombant devant moi, soit sur la chevelure ébouriffée de Merlette, soit sur le harnachement très propre, très luisant, du mulet, allumaient à l'aventure des étoiles par milliers. Nous ne parlions guère, occupés à découvrir des châtaignes sous les feuilles mortes accumulées. A certains endroits, la couche de feuilles dont la gelée avait dépouillé les arbres était si épaisse, que nous y enfoncions jusqu'aux genoux. Avec mon pantalon de garçon, mes souliers ferrés de montagnard, il m'était indifférent que les tas fussent plus ou moins profonds ; j'avais d'ailleurs ma badine, et je m'en servais pour déblayer le chemin. Mais elle, habillée d'une longue robe de drap taillée jadis en une vieille soutane de mon oncle, chaussée de sabots trop grands — d'anciens sabots de Prudence — où ses pieds d'alouette ballaient à l'aise comme un battant dans une cloche, ne devait pas être sans éprouver quelque incommodité. A vrai dire, il n'y paraissait guère, car elle sautait, bondissait, voletait parmi les monceaux les plus épais, ne se trouvant gênée ni par sa robe ni par ses sabots. Son accoutrement lourd, mal ajusté, embarrassant, lui pesait autant que ses plumes pèsent à un oiseau. Au fait, après une trouvaille de trois poignées de châtaignes, découvertes en un trou du sol, sur le point de lui demander de ne pas tant relever sa jupe en se baissant, car la vue de ses jambes m'ennuyait, elle se prit à chanter tout à coup.

Virginie Merle appartenait au chœur des chanteuses de notre église, et mon oncle Fulcran, ingénieux à la pratique de la charité, l'appelait souvent à la cure sous prétexte de lui enseigner des cantiques, mais, en fin de compte, pour lui bourrer le tablier de nos provisions, quand Prudence n'était pas là. Merlette possédait-elle, par hasard, la voix touchante de sa mère, une voix plaintive, à travers les vibrations émues de laquelle passaient tous les malheurs de la veuve, toute sa pauvreté ? Non, non, Merlette avait la voix vive, alerte, gaie, sans la plus petite note de tristesse ou de mélancolie. C'était le trille joyeux du chardonneret sur la branche d'un amandier. Du reste, le chiffon de soie rouge — un vieux foulard de mon oncle — qui lui servait à retenir sa chevelure indomptée, lui mettait précisément au front le même lambeau de pourpre dont la nature a décoré, a embelli la tête du chardonneret.

Elle chantait, elle chantait, ne cessant de recueillir des châtaignes, car, soit habitude des mains à fouiller sous les feuilles, soit habitude des yeux à sonder les buissons, elle découvrait partout des pelons abandonnés. Il fallait voir avec quelle précision elle frappait sur le fruit perdu le coup de talon qui devait enrichir son sachet ! Une fois, son sabot, ayant rencontré une de ces grosses racines qui cheminent à fleur de terre pareilles à d'énormes serpents annelés, sauta à dix pas devant nous. Je courus le chercher et le recueillis de l'élan d'un bon chien de chasse happant une pièce de gibier. Elle me laissait me démener et riait. Son rire était aussi clair, aussi frais que son chant. Moi, tenant son sabot à la main, je riais aussi, encore que je ne fusse pas gai, sans savoir pourquoi, par exemple. Qui croirait qu'en ce moment où mes lèvres faisaient écho aux lèvres de Merlette, j'aurais pleuré volontiers ! Était-ce la conscience des péchés dont je me chargeais à chaque pas qui m'accablait à ce point ? Non. Pour dire vrai, ma pensée vaguait loin et de mon oncle Fulcran, et de

Prudence, et de M. Alexandre Matheron, qu'il faudrait aborder bientôt. Je pensais à Merlette, uniquement à Merlette, et j'épuisais les forces de mon esprit, son ingéniosité, sa finesse, à la solution de ce problème ardu : — Comment faire pour lui attacher moi-même la boucle de son sabot?

Cette fille extraordinaire de Virginie Merle avait-elle deviné l'idée tout à fait incroyable qui me travaillait, et attendait-elle de me voir succomber à la tentation? Je ne sais. Le fait est qu'elle venait de se blottir en une de ces crevasses feutrées de mousse verte, comme les grands troncs des châtaigniers centenaires en forment souvent à l'endroit où ils plongent dans le sol, et ne bougeait aucunement. De cette niche, où elle se tenait aussi raide qu'une de ces saintes de pierre ou de bois éparpillées dans la campagne, qu'on va visiter une fois l'an à l'époque des *Rogations,* Merlette me lançait des regards ironiques qui me peinaient au vif. Pourquoi me regardait-elle de cet air railleur, méchant, moi qui ne lui en voulais pas de m'avoir rencontré dans le Jougla, de s'être élancée sur Verjus, de me retenir à présent dans les châtaigneraies?

— Si mon autre sabot vous fait plaisir, monsieur Jean? me dit-elle.

Sa bouche n'avait pas articulé ces mots, que

l'objet, après m'avoir frôlé les cheveux, tombait parmi les broussailles derrière moi.

— Ce n'est pas gentil, ça, Merlette; tu aurais pu me blesser.

— Vous blesser, monsieur Jean! s'écria-t-elle courant pieds nus jusqu'à moi, puis étendant ses deux bras et d'un mouvement d'amitié me les nouant autour du cou.

J'étais repris, et encore une fois je dus lui permettre de m'embrasser tant qu'elle voulut. Ce fut assez long. A n'en pas douter, après un, deux, trois baisers, j'aurais pu me débarrasser de ses caresses; mais je laissais aller ses lèvres, goûtant à les sentir je ne sais quelle joie inquiète, quel tremblement de l'âme et du corps inconnu et délicieux.

— Je veux te demander une permission, Merlette, balbutiai-je enfin.

— Quelle permission, monsieur Jean?

— C'est...

— C'est?

— C'est de te mettre moi-même les sabots.

— Oh! monsieur Jean!... murmura-t-elle, rougissant et baissant la tête.

— Ça t'ennuierait donc?

— Oh! oui... Vous êtes un *monsieur*, vous, monsieur Jean... Ce serait bon pour Galibert, de me mettre les sabots.

Elle essaya de rire sans trop y réussir. Je

me tenais debout devant elle, un sabot dans chaque main.

— Alors, tu ne veux pas? insistai-je, suant l'angoisse.

— Si cela vous amuse tant, monsieur le neveu...

Elle gagne son réduit étroit dans le creux du châtaignier. J'ai des ailes et je la rejoins d'un vol.

Elle s'assit avec un laisser-aller d'une grâce souple et charmante. Elle se posait avec une légèreté d'oiseau. Oui, vraiment, cette fillette de Virginie Merle était un oiseau. Voyez d'ailleurs le hasard qui lui avait donné le nom de *Merlette,* de la famille des merles siffleurs, pour bien faire entendre à tous qu'elle n'appartenait pas à notre race lourde, mal dégauchie, mais à la gent emplumée qui traverse l'air sans avoir besoin de rien pour la soutenir.

— Allons! lui dis-je, m'étant planté délibérément à genoux devant elle et affectant plus de courage à la besogne que je n'en avais en réalité.

Elle me regarde, puis me tend une jambe, minaudant et riant aux éclats. Ciel! que vois-je? Vers le haut du bas de Merlette, un peu au-dessus du mollet, à cet endroit où les aiguilles, pour terminer l'ouvrage, forment des côtes en saillie, je lis dans les mailles du coton bleu, tracé en rouge, mon nom en quatre lettres capitales : JEAN ! Je reconnais tout de suite la marque de ma sœur Clotilde, qui m'a tricoté ces bas elle-même, chez ma tante Angèle, à Montpellier, et je ne suis pas content. Que mon oncle distribue son bien aux pauvres, c'est son affaire; mais il devrait respecter le bien d'autrui. Dieu ! si Prudence savait que Merlette promène comme cela mes bas neufs, car ils sont neufs, à travers les taillis du Jougla, les ronces de Fonjouve ! Nous verrons du reste la mine de M. le curé de Camplong lorsque sa gouvernante comptera mon linge pour la lessive, au printemps !...

Tout de même, malgré tant de réflexions fort justes, cette fille de Virginie m'a à ce point brouillé les sens, que je la chausse toujours, je la chausse. Après le pied droit, le pied gauche tout simplement. Voilà comment je suis, moi, quand une fois la perdition m'a conduit dans ses sentiers. Et elle, que croyez-vous qu'elle fait tandis que je fixe, non sans peine, à l'ardillon de la boucle, la courroie usée de ses sabots ? Elle rit, ce qui lui est assez habituel ; puis elle lance des châtaignes à Verjus, qui les croque gloutonnement ; puis enfin elle entonne le dernier couplet du noël de mon oncle :

Nous accourons, jeunes et vieux,
A votre voix qui nous appelle;
Vous pouvez remonter aux cieux,
Porteurs de la Bonne Nouvelle.

Je me suis redressé et je l'écoute. Combien le noël de mon oncle Fulcran me semble plus beau ici, dans les châtaigneraies, à travers l'air et le soleil, que dans la cave du presbytère où je l'ai essayé ce matin! Il faut ajouter qu'en ce moment ce n'est pas moi qui chante, mais cette Merlette merveilleuse, dont la voix monte et descend à plaisir... Le chardonneret, toujours le chardonneret sur sa branchette d'amandier... Le verset fini, elle s'arrête et me regarde. Je la regarde à mon tour; toutefois, mes yeux ne peuvent soutenir l'ardeur des siens, plus allumés, plus rouges que des braises. A la fin, elle me fait trembler, cette fille étonnante de Virginie. Si je pouvais la planter là! Cette pensée ne m'a pas traversé l'esprit, que Merlette l'a devinée, et, de son trou dans le châtaignier, elle a bondi jusqu'à moi.

— Voulez-vous que nous nous amusions, monsieur Jean? me dit-elle.

— Nous amuser?... A quoi?

— A lutter.

— A lutter?

— Oui... Nous luttons, Galibert et moi... Des fois, c'est moi qui ai le dessus...

— Mais ce sont jeux de bêtes, ces jeux-là !

— Voulez-vous, monsieur Jean? implore-t-elle avec une adorable câlinerie de la voix, du geste, de toute sa personne.

Et, comme elle l'avait osé sur la barde de Verjus, elle me coule doucement ses bras autour de la taille. Je ne sais de quelle fureur sacrée je suis saisi, embrasé par la grâce de Dieu. Le fait est que dénouer le *serpent* m'enlaçant de ses anneaux, le rejeter au loin, lui écraser la tête contre une pierre, tout ce travail héroïque d'archange est l'affaire de trois secondes au plus.

— Aïe! gémit-elle.

Des gouttes de sang parsèment les cailloux, parmi lesquels elle demeure abattue.

V

Et quand je pense qu'au lieu de courir à cette pauvre Merlette, dolente, blessée, au lieu de l'aider à se relever, je demeurais planté à quatre pas, l'épiant curieusement, et, dans le fond, très ému de ce qui lui arrivait. — Ah ! elle avait voulu me traiter, moi, le neveu de M. le curé Fulcran, comme elle traitait Galibert, le pâtre des Bassac ! Tant pis pour elle si, par ce coup à la tête, elle apprenait à ses dépens qu'il existait quelque différence entre l'ami de Verjus et l'enfant gâté de Prudence Ricard. — Tout de même, parmi ses gémissements étouffés, cette fille de Virginie Merle ne laissait pas de me regarder de temps à autre. Non seulement je voyais ses yeux noyés de grosses larmes répondre à mes yeux qui la guettaient sans relâche, mais je devinais dans ses yeux ruisselants comme un appel.

— Monsieur Jean! murmurait-elle, mon bon monsieur Jean!...

Ah! bien oui, *monsieur Jean!*... M. Jean pense bien à toi, Merlette de perdition!... M. Jean pense à rentrer dans la voie du salut, d'où tu l'as détourné, malheureuse!... M. Jean court avouer ses fautes à M. le curé Matheron, qui l'absoudra de ses péchés; puis il ira charger son charbon à Brochin et rentrera pieusement à Camplong.

En faisant ces réflexions égoïstes, je m'étais emparé de la bride du mulet des Bassac, et, la bête sur les talons, j'avais commencé de descendre vers le village. N'étant jamais passé par là, je ne connaissais pas quel sentier, parmi les mille sentiers s'entre-croisant aux flancs de la montagne, me conduirait le plus vite à Graissessac; mais j'étais bien sûr de ne pas m'égarer, la fumée des forges s'élevant en colonnes épaisses à trois portées de fusil et le bruit des marteaux sur les enclumes arrivant par intervalles jusqu'à moi.

— Allons, Verjus, allons!

Nous dévalions des pentes fort rapides, et si le mulet, habitué de longue date aux sentiers à pic de nos châtaigneraies cévenoles, se précipitait des hauteurs du Jougla, sûrement, sans broncher, il n'en allait pas ainsi de moi, peu fait à de pareilles dégringolades sur un sol schisteux et glissant. Une fois, mon pied s'étant engagé sur une rocaille lamelleuse que je supposais assez résistante pour me porter, le sol s'effrita, fondit, et je roulai parmi les ronces et le gravier. Par une inspiration du ciel je n'aurais pas lâché la bride de Verjus, que Verjus, entraîné après moi, me piétinait de ses quatre fers. Cette mort affreuse eût été digne de la vie que je menais, et, je puis le dire, ce jour-là, le bon Dieu me donna une preuve de sa miséricorde infinie.

Il fallait renoncer à couper droit vers Graissessac, à moins de vouloir se rompre le cou. Je ressaisis Verjus, qui ne savait, lui aussi, de quel côté tirer, et, par une venelle molle de feuilles mortes, je me dirigeai vers un enfoncement, un pli profond du terrain qui s'affaissait doucement.

Le charmant endroit que ce pli entre deux montagnes! Un ruisseau clairet, obstrué sur ses bords de rubans de glace, fins, légers, découpés comme les ruches de la coiffe de Prudence, jasait là tout seul parmi les cailloux. Verjus, d'une rude secousse de son encolure, m'arracha la bride des doigts et, encore que le temps ne fût pas pour provoquer une soif inextinguible, plongea au milieu du courant. Si l'âne, peu regardant à sa mangeaille, ne consent à se désaltérer qu'en des eaux très limpides, Verjus me fournit la preuve que le mulet n'est pas moins délicat. Du reste, ce Verjus, malgré sa tête grosse et courte, était d'une élégance parfaite. En le voyant boire, les lèvres relevées par un pli gracieux qui mettait à nu des dents éclatantes et des gencives d'un rouge de rose trémière, je pensais que les Bassac avaient raison de se montrer fiers de leur bête. A Camplong, quand on avait dit : « le mulet des Bassac ! » on avait tout dit. Chacun dans la paroisse savait l'histoire de Verjus, car Verjus avait une histoire. Vincent Bassac, son heureux possesseur, ne le tenait pas de quelqu'un de ces maquignons de hasard qui peuplent nos métairies, nos bordes cévenoles, de toute espèce de quadrupèdes efflanqués, poussifs, vicieux ; il était allé l'acheter lui-même à la foire de Carente, dans le Minervois, et avait acquis la preuve de sa bonne provenance poitevine, avant de mettre la main au sac.

Si on connaissait la vie étroite, bornée aux choses de l'endroit, que nous menions au pres-

bytère, on ne serait pas surpris de me voir renseigné sur la question des mulets. Un lopin changeant de propriétaire, l'arrivée d'un âne dans une écurie, d'un bouc, d'un bélier dans une étable, étaient autant d'événements dont le bruit se propageait jusqu'à la cure et suffisait à l'animer. Mon oncle Fulcran discutait la valeur de l'objet; Prudence n'était pas d'accord avec lui; ils se chamaillaient un brin, et les jours fortunés succédaient aux jours fortunés. Le bonheur est partout, dans les choses les plus infimes comme dans les plus hautes.
— « Dieu l'a voulu ainsi pour qu'il n'y ait pas de déshérités, » disait mon oncle.

On se figure le retentissement de la venue de Verjus faisant, deux années avant mon escapade avec Merlette, son entrée dans le village, recouvert d'une superbe sparterie, la queue décorée d'un bouquet de bruyères roses, et mené à la main par Vincent Bassac, qui ne le montait pas pour le laisser admirer tout nu. Le succès de cette bête unique avait été tel, et mon oncle s'en était montré à ce point ému, qu'aujourd'hui encore, lorsque Bassac, membre, en sa qualité de maire, du conseil de Fabrique de la paroisse, vient chez nous pour quelque réunion, M. le curé, en s'informant de la santé des enfants du fabricien, pourvu d'une ribambelle de mioches, ne manque jamais de lui demander des nouvelles de son mulet.

— Et Verjus ?... s'informe-t-il.

— Toujours vaillant et hardi, répond le paysan.

Pour vaillant et hardi, il l'était. Je le regardais planté, là, à trois pas de moi, et je ne revenais pas de le trouver si fort, si robuste, si beau. En ce moment, le soleil enveloppait sa croupe charnue, l'allumait comme un miroir. Certainement, avec un peu de bonne volonté, j'aurais vu mon portrait sur les hanches rebondies, luisantes, de Verjus. Lui, ne portait nulle attention aux rayons qui l'habillaient avec une splendeur inouïe, et continuait à boire, allant de-ci de-là à travers le ruisseau, trouant de son sabot petit, à l'ongle solide, les dentelles de glace des bords, en avalant parfois des morceaux larges comme la main. Quelle soif ! Pénétré du plaisir qu'il devait goûter, ravi à la pensée de prolonger son aise, ainsi qu'en mainte occasion je l'avais entendu faire à Galibert, je me mis à siffloter. Il s'était enfoncé jusqu'aux genoux, et maintenant je le voyais deux fois : hors de l'eau, ruisselant de lumière, puis dans l'eau qui attenuait l'or de sa croupe en y mêlant des reflets d'argent. Mais, à la fin, dégoûté de boire, il s'amusa à promener le fin bout de ses babines amincies au fil du courant. L'eau, une eau d'hiver, miroitante, plus claire que le cristal, me montrait les poils follets des lèvres de Verjus. Tiens ! je n'avais jamais aperçu ses moustaches... Quelle transparence merveilleuse, ce ruisselet de Graissessac ! Soudain, les paniers d'osier, vus par le fond, me frappèrent, Le treillis, avec ses nœuds dans le bois, ses intervalles à jour entre les surgeons de châtaignier tordus par le vannier, m'apparaissait. Ah ! mon Dieu ! le sac à glaner de Merlette qui est resté là-dedans.

J'avais cru m'occuper de Verjus, quand je le suivais vaguant un peu de tous côtés d'une rive à l'autre ; dans le fond, dans le fond le plus enfoui de moi-même, c'était de Merlette que je m'occupais. Verjus était là, et je le regardais, et je m'intéressais à lui ; j'aurais aussi bien regardé un oiseau traversant l'espace, une chèvre surgissant à la crête d'un rocher, et me serais intéressé à eux. Le fait est qu'en ayant l'air de m'attacher au premier être venu, à la première chose venue, car je ne suis pas sûr, dans l'état où je me trouvais, qu'un arbre n'eût pas retenu mes yeux charmés, c'était à cette fillette de Virginie que je demeurais attaché. J'avais pu, l'ayant repoussée avec trop de violence, m'éloigner d'elle, la laisser sur le sol rougi de son sang ; mais, au bout de quatre pas, un grand trouble s'emparait de moi, et maintenant, par le remords lancinant de ma cruauté, tout en admirant la robe resplendissante de Verjus, je me sentais si triste, si faible, si défaillant, que je me demandais comment je pourrais réussir à me lever de la pierre plate où je me tenais accroupi, à descendre vers Graissessac, à arriver jusqu'à l'église, à aller charger ma bête à la mine de Brochin.

— Merlette! Merlette! Merlette!... balbutiai-je, prêt à pleurer.

Ce nom répété trois fois, — je l'aurais répété cent fois, tant il sortait naturellement de ma bouche, qu'il remplissait d'une incroyable douceur de raisiné, — je me plantai debout presque à mon insu. Tout à coup, je me trouvai les pieds dans l'eau. Étais-je devenu un animal à quatre pattes comme Verjus, et, comme Verjus, avalerais-je, moi aussi, des morceaux de glace furieusement? Je ne bus pas le moins du monde; en proie à l'idée fixe de Merlette perdue, je hasardai des pas mal assurés à travers le ruisseau, puis mes mains de somnambule débrouillèrent la longe de cuir entortillée au col de Verjus, la défilèrent de bout en bout et la passèrent, la repassèrent autour du tronc d'un jeune bouleau, où elles la fixèrent par un nœud. Le mulet retenu là, de tout moi-même je pris mon élan parmi les châtaigneraies.

— Merlette! Merlette!...

Je ne savais que pousser ce cri. Et j'allais devant moi, tirant en haut de la côte, cherchant, à travers les troncs qui à chaque pas me barraient le chemin, le tronc crevassé d'où cette fillette de Virginie Merle s'était élancée sur moi. Avec quelle grâce, quelle gentillesse, quelle amitié, elle avait bondi! Jamais agnelle du troupeau de Galibert ne connut sauts plus mignons. Et moi qui, lorsqu'elle ne demandait qu'à s'ébattre, batifoler, s'éjouir en des caresses de son âge, qui était à peu près le mien, l'avais traitée si durement!

— Merlette! Merlette!...

Mais j'ai ouï quelque chose. Je m'arrête. J'écoute. Non, je n'ai rien ouï. C'est le vent froid de l'hiver, dont l'haleine, plus forte à mesure que je monte, entre-choque par-dessus ma tête les branches nues des châtaigniers. Hélas! ce tapage sec et dur d'un bois à demi mort ne ressemble pas du tout à la voix de Merlette, roucoulante comme le chant de la tourterelle, attendrissante comme la flûte du pastoureau. De quel accent, que personne n'avait trouvé avant elle, elle répétait : — « Monsieur Jean! monsieur Jean! » — Que ne donnerais-je pas pour l'entendre me redire :

— « Monsieur Jean, monsieur Jean! ô mon bon monsieur Jean!... »

— Merlette! Merlette!...

Je m'enroue à l'appeler, et elle ne me répond pas. Pourquoi ne me répond-elle pas? Je suis arrivé pourtant. Je reconnais l'endroit. Voilà l'arbre avec sa niche... Il faut qu'elle soit ici. Je ne la vois pas... Les jambes flageolantes, je m'avance jusqu'à la place où, tantôt, je l'ai laissée couchée de son long. Elle n'y est plus. Par-ci par-là, sur des feuilles éparses, des taches noires, des gouttes de son sang que l'âpre bise à presque mangées. J'admire une minute ces taches, puis je ne les aperçois plus, et des larmes grosses comme des pois chiches de chez nous mouillent mes joues, arrosent mon gilet, tombent sur le sol.

— Merlette! Merlette!...

Ce sont des sanglots qui s'échappent de ma poitrine oppressée. Il faut m'en aller. Je n'ose pas. Cette fillette de Virginie Merle n'est pas là, et néanmoins il me semble, si je m'éloigne, que je l'abandonne de nouveau. A cette minute d'affreuse angoisse, la grosse cloche de l'église envoie dans l'air un coup unique. Les idées honnêtes me reviennent. Ce coup parti seul du haut du clocher de Graissessac, j'en sais la signification. C'est par un coup isolé semblable que j'appellerai le respectable

M. Alexandre Matheron au confessionnal. A-t-on besoin de se confesser en nos Cévennes? On entre dans l'église, on tire une corde qui se balance à l'entrée du chœur; la cloche lâche un éclat, et M. le curé paraît.

Je redescendis vers le ruisseau, un peu plus calme, bien que pleurant encore. J'avais beau m'essuyer les yeux de tout mon mouchoir, de toutes les manches de ma veste, de toutes mes mains, mes yeux continuaient à ruisseler. Et qui croirait que mon chagrin me venait moins du mal que j'avais pu faire à Merlette que du désespoir de ne plus l'avoir près de moi, de ne plus l'entendre, de ne plus me trouver exposé à des entreprises dont, pas plus qu'elle sans doute, je ne soupçonnais le but, je ne devinais la fin? Il m'aurait été délicieux, infiniment délicieux d'aller avec elle, de folâtrer avec elle à travers le Jougla, à travers Bataillo, à travers Camplong, à travers tous les pays. Ces folies qui me traversaient l'esprit m'étaient un enivrement céleste. Moyennant cette fille de Virginie, vive, délicate, fine, chantante, ailée, une vie meilleure m'apparaissait, et j'y entrais, dans cette vie meilleure, j'y respirais un air plus pur. Il me semblait qu'avec elle tout serait agréable, beau, magnifique, éternel; qu'avec elle je ne regretterais ni mon oncle Fulcran, ni Prudence, ni mes parents de la ville;

qu'elle me dédommagerait de tout, me tiendrait lieu de tout, me comblerait d'un bonheur pour la qualification duquel le mot *divin* ne suffisait pas...

Verjus, las décidément de s'enivrer d'eau claire, avait tiré sur la longe et tondait de la largeur de sa langue les marges gazonnées du ruisseau de Graissessac. Je le déliai, et, le traînant après moi, m'acheminai vers le village. Bien que le temps me pressât un peu, je n'allais pas plus vite pour cela. C'est drôle comme la pensée d'abord de me confesser, puis de me rendre à la mine de Brochin, me préoccupait peu. Les obligations qui m'avaient conduit ici m'étaient à ce point devenues indifférentes, que je les eusse volontiers négligées toutes et fusse sans trop d'ennui rentré à Camplong, ma conscience avec ses péchés lourds, mon mulet avec ses paniers vides.

Quel changement! J'étais honteux, désespéré, et si heureux!

La vue s'élargit. Nous sortons d'une plantation de vieux noyers obstruant l'air, obstruant le ciel, et tout Graissessac m'apparaît, depuis le hameau du Castan jusqu'à cet autre hameau qui s'appelle Estréchoux.

Ce n'est guère beau, ces maisons basses, mal alignées le long de la petite rivière du Clédou.

Et ce Clédou, plus noir que l'encre, plus épais que le plomb fondu, comparez-le donc à l'Espase, plus limpide en ses profondeurs que le ciel si léger de nos montagnes, plus alerte en ses ressauts qu'un cabri de trois mois.

Mais Verjus se plante sur ses pieds et ne bouge plus.

— Allons! Allons!

Il ne bouge aucunement. Que signifie cette halte obstinée? Verjus est inquiet, il relève sa tête futée, allonge ses lèvres qui se replient, se rident comme s'il voulait sourire, et lance un hennissement, une manière de cri sauvage qui ébranle la vallée. — Miracle! Merlette se dresse debout sur une pierre, au bord du ruisseau. Elle est élancée, elle est pâle. Je deviens fou, je vole à elle, et les baisers qu'elle m'a donnés, je les lui rends sur les deux joues, partout.

VI

Quelle joie! aucune expression n'en saurait donner l'idée. Si encore j'avais compris pourquoi j'étais si joyeux! Je ne comprenais rien, absolument rien à mon état. Cette rencontre avec Merlette, quand j'avais cessé de l'espérer, m'enlevait à des hauteurs où je n'étais plus moi, où je ne me retrouvais plus, ne me reconnaissais plus. Un jour, à la sacristie, avant une grand'messe des Morts, *pro Defunctis*, m'étant un tantinet oublié après le vin des burettes, j'avais éprouvé un bien-être singulièrement bizarre et plaisant. Je ne voyais pas deux cierges sur les gradins de l'autel, j'en voyais trente-six. Ce que je ressentais à l'heure présente se rapprochait étrangement de cette griserie, l'unique griserie de ma vie d'acolyte. Au bord du ruisseau de Graissessac, comme en l'église de Camplong, des vertiges emplissaient ma tête, et ma langue débridée allait plus vite et plus dru que la langue d'une bartavelle de Fonjouve ou de Bataillo.

— Si tu savais, Merlette, à quel point je suis fâché de t'avoir fait mal !... Je suis parti, je t'ai laissée étendue par terre : c'est que j'avais trop de chagrin. Quand on a trop de chagrin on est capable des plus grandes sottises... Heureusement, le sang ne coule plus de ton front, et te voilà, après ta chute, aussi nette de visage, aussi fraîche, aussi jolie qu'auparavant.

— Vous me trouvez donc nette de visage, monsieur Jean ?

— Jamais je n'ai vu des traits plus clairs que les tiens.

— Vous me trouvez donc fraîche de visage, monsieur Jean ?

— Fraîche comme cette fleur, répondis-je, lui montrant en un coin abrité un iris qui, malgré la saison, s'élançait du milieu de l'eau, ouvrant au soleil des yeux bleus très longs et très alanguis.

— Vous me trouvez donc jolie de visage, monsieur Jean? insista-t-elle, se serrant un peu plus contre moi sur le tertre où, sans nous en apercevoir, nous nous étions assis.

— Plus jolie...

— Plus jolie?

— Plus jolie que personne que j'aie vue en ma vie..., plus jolie que la plus jolie fille de Camplong, des Passettes, et de bien loin dans la montagne.

— Et moi aussi, je vous trouve beau, monsieur Jean, me dit-elle d'un ton très assourdi de calandre.

— Oh! moi, qu'est-ce que ça fait?...

— Ça fait beaucoup. Est-ce que, si vous étiez laid comme Isidore Siebel, je courrais après vous, ainsi que cela m'arrive depuis des mois et des mois?

— Tu cours après moi?...

— Cette envie d'avoir de l'amitié pour vous me prit au catéchisme, un jour que vous vous teniez assis à côté de M. le curé Fulcran, écoutant la *Doctrine* avec les autres enfants du village. Depuis ce temps, cette envie ne m'a pas quittée. J'ai su par Galibert qu'aujourd'hui vous deviez aller à Brochin avec Verjus, et je vous ai attendu dans les châtaigneraies du Jougla, — oh! pas pour vous faire du mal, monsieur Jean, mais tout uniment pour vous voir, vous voir toujours et sans fin.

— Et quel plaisir peux-tu prendre ?...

— Un plaisir que je ne puis pas raconter. Je vous regarde, et il me semble, sans comparaison, que des fourmis me mangent les pieds, puis qu'elles me mangent la tête, puis qu'elles me mangent tout le corps, et c'est jouissance bien grande de se laisser dévorer ainsi jusqu'au dernier morceau... Vous n'avez jamais senti ces bêtes, vous, monsieur Jean ?

— Non, jamais.

— C'est peut-être que vous n'avez pas fait attention à moi, comme j'ai fait attention à vous.

— Oui, peut-être.

— Vous avez refusé de me regarder sur le Jougla ; il fallait oser me regarder de tous vos yeux, ainsi que j'ose, moi, de tous mes yeux, de tant loin que je vous aperçois, et certainement mes fourmis vous auraient mordu.

— Veux-tu que j'essaye, Merlette ?

— Essayez, monsieur Jean, et vous sentirez si c'est bon.

La partie proposée n'était pas commode. Au premier jugé, rien ne paraît plus simple que de replier ses paupières jusqu'aux sourcils et de laisser galoper son œil curieux devant soi ; rien n'est moins aisé, quand devant soi on a le visage d'une fille. Et quel visage éblouissant, tout pétri d'esprit, possédait cette jeunesse de Virginie Merle! Elle était brune, je l'ai dit, très brune, et pourtant, moi, je la trouvais plus blanche qu'un flocon de neige... Par exemple, à présent, je la dévisageais avec un front!... C'était elle qui devenait timide et moi qui me faisais hardi. Je ne saurais exprimer tout ce qui me frappait dans ses traits mignons, finement allongés, où ses yeux noirs et brillants étincelaient pareils à deux mûres sur une ronce : cent choses, mille choses intimes indicibles me retenaient à la fois. Tantôt c'étaient ses joues lisses, fermes, veloutées comme des brugnons; tantôt ses lèvres bizarrement enroulées, rondes et rouges comme des cerises, des cerises des monts d'Orb, des cerises de Bédarieux. De quelle dent féroce j'aurais mordu en ces fruits appétissants, les mûres d'abord, puis les cerises, puis les brugnons!

— Eh bien, monsieur Jean?... me demanda-t-elle, inclinant sa jolie tête émerillonnée.

— Eh bien?

— Vous ne sentez rien?

— Si, je sens quelque chose.

— Des fourmis, n'est-ce pas?

— Non, je sens comme si j'étais au paradis; tu sais bien, le paradis de mon oncle, où l'on sera si heureux, si heureux qu'on ne connaîtra pas son bonheur.

— Alors, comme ça, vous êtes heureux avec moi, monsieur Jean ?

— Heureux à me demander si je ne suis pas un autre que moi. Il me semble que je voudrais passer toute ma vie ici, à cette place, au bord du ruisseau de Graissessac, avec toi.

Elle n'eut pas un mot, mais elle prit une de mes mains, la porta à sa bouche et la couvrit de baisers qui claquèrent bruyamment. Ce transport passionné lui coûta cher. Au même instant, plusieurs sillons rouges, de véritables égratignures apparurent sur son front, et des gouttelettes de sang, plus longues, plus minces que des fils, parsemèrent son visage jusqu'au menton.

— O Merlette, ma pauvre Merlette, pardonne-moi ! m'écriai-je, navré.

Elle se pencha sur le ruisseau, y plongea son mouchoir, et quelques minutes se le tint collé à la face étroitement. Le vieux foulard de mon oncle ainsi appliqué sur ses traits, elle n'en était que plus charmante. A travers les éraflures, les trous de la soie, je voyais étinceler ses yeux espiègles ; puis, tandis que je me désolais, elle m'envoyait des rires plus frais, plus clairs, plus gais que le bruit de l'eau où s'était désaltéré Verjus, où nos pieds trempaient à demi. Et cet extraordinaire mulet des Bassac qui, prenant sa part du contentement de Merlette et du mien, recommençait à lancer dans l'air des notes se prolongeant jusqu'aux extrémités du pays!

— Vas-tu te taire, toi! lui dit Merlette.

Verjus se tut.

— Monsieur Jean, si on lui donnait une poignée d'avoine?

— Je n'en ai pas...

— Il y en a chez Paulin Ramel, à l'auberge du *Feu-Grisou*.

— Allons au *Feu-Grisou*, lui dis-je, incapable de résister au moindre de ses désirs, lui appartenant « du bout des pieds à la pointe des cheveux, *a planta pedis usque ad verticem*, » pour rappeler une phrase latine familière à mon oncle Fulcran.

Elle eut vers moi un regard qui me fouilla l'âme, les poches, tout.

— Oui, me dit-elle, mais un quarteron d'avoine coûtera huit sous, peut-être dix... Avez-vous de l'argent, monsieur le neveu? en avez-vous?

— Si j'en ai!...

Effaré à ne plus distinguer le tien du mien, comme si tout ce qui résonnait en mon gousset était à moi, bien à moi, à moi seul, dans ma main ouverte, tendue, je fis sauter le paquet contenant les cinq francs du respectable M. Matheron pour la messe de la Sainte-Barbe, puis trois belles pièces blanches d'un franc m'appartenant en propre, ramassées sou à sou sur mes petits bénéfices à l'église : les baptêmes, les mariages, voire les enterrements. — Quelquefois, rarement, il faut le dire, les affligés, au retour du cimetière, me donnaient deux sous pour me dédommager d'avoir chanté d'un bout à l'autre, et sans faiblir, soit le *Libera,* soit le *Requiem.*

— Que vous êtes riche, monsieur Jean ! que vous êtes riche ! répéta-t-elle éblouie.

Et, apostrophant le mulet des Bassac :

— Au *Feu-Grisou,* grand affamé ! lui criat-elle d'un accent où le reproche enveloppait une caresse.

Verjus détala des quatre fers.

Ce furent d'incroyables délices de faire encore ce bout de chemin avec elle. Nous allions nous tenant par la main. Elle, débarrassée de son foulard, le front cicatrisé, guéri à nouveau, était d'une gaieté de pinson au bord de son nid, au printemps. Elle jasait sans fin, et je l'écoutais. Chaque mot tombé de sa bouche me semblait joli, spirituel, et, pourquoi le cacherais-je ? parfumé comme la lavande et le romarin. Parfois, j'éclatais de rire sans savoir pourquoi. J'avais envie de rire de bonheur, et je riais, voilà tout. Le ruisseau nous quitta : il se précipitait à droite, du haut d'un rocher, parmi des amarines touffues ; nous, nous tirions à gauche vers l'auberge du *Feu-Grisou*, immense avec les remises, les étables, les écuries qui la prolongent le long de la route indéfiniment.

Le mulet de M. le maire de Camplong était connu chez les Ramel ; aussi le trouvâmes-nous installé devant la crèche, en arrivant. Un valet lui avait déjà servi une botte de luzerne, et il la tirait à lui, à travers les barreaux du râtelier, avec des reniflements avides, goulus, joyeux. En dévorant de cette dent terrible, Verjus foulait la litière de feuilles de châtaignier par petits bonds folâtres.

Tandis que, la main toujours dans la main, nous demeurions ébahis devant Verjus satisfait, bien loti, une voix nazillarde m'emplit les oreilles avec ces mots chantonnés bizarrement ?

— Eh bien, monsieur le neveu, vous faut-il quelque chose aujourd'hui ?

Je me retournai. C'était Isidore Siebel, ce colporteur auquel mon oncle n'achetait plus ses plumes d'oie, au grand ennui de Prudence, mais auquel, d'aventure, pour peu que les baptêmes, les mariages, les enterrements eussent *donné* dans la paroisse, j'achetais, moi, toute espèce de menues babioles qui me fai-

saient rêver. J'étais demeuré fidèle à Isidore
Siebel, à *Zidor,* pour l'appeler comme on l'appelait en toute l'étendue de l'Espinouze et des
monts d'Orb; lui seul avait encore le privilège
de me fournir d'encre, de papier, de crayons,
de cahiers reliés à tranche de feu. Pour les
plumes d'oie, je ne lui en prenais plus, mon
oncle Fulcran m'ayant imposé les plumes métalliques de Jean-Pierre Audibert, de Bédarieux, si dures à conduire; mais, pour tout le
reste, ma pratique lui demeurait assurée.
D'ailleurs, pourquoi ne pas avouer que, si les
marchandises très variées de Zidor me sollicitaient, me plaisaient, Zidor, avec la bosse
qui lui gonflait le dos, ses jambes tortes, ses
bras trop longs, ses mains balayant le sol, sa
tête où tirebouchonnait une tignasse grise plus
emmêlée qu'une poignée de clous, sa langue
bien pendue, fertile en histoires de voleurs,
me sollicitait, me plaisait encore davantage. Je
ne le rencontrais pas une fois, clopinant à la
queue de son ânesse *Nanie,* une pauvre bête
très espritée, mais salie, pelée, trouée par
l'âge et la peine comme un vieux gant, qu'il ne
me racontât quelque sornette à me faire dresser
les cheveux. Oh! les sornettes d'Isidore Siebel,
les premiers romans que j'aie lus, quand je
m'en souviens!...

— A toi aussi, Merlette, je te vendrai quelque chose, si tu es riche, ajouta le colporteur.

— Je suis riche comme celle-là, répondit la fillette de Virginie, montrant Nanie qui « lisait la gazette » devant un râtelier vide.

— C'est dommage, mignonne, car j'ai des *capettes* pure laine, d'un bon marché, d'un bon marché !...

En parlant, du bout de son doigt crochu il soulevait une loque fripée, très lâchement nouée sur les épaules de la petite et, sans scrupule, les mettait à nu.

— Sais-tu que ce chiffon ne doit pas te tenir chaud par cette bise, ma jolie Merlette ? insista-t-il.

Et, me dévisageant à me faire fermer les yeux :

— N'est-il pas vrai, monsieur Jean, que Merlette est le plus joli brin de fille de Camplong ?

Je ne pus répondre. J'étouffais. Heureusement, à cette minute de douloureux embarras, Paulin Ramel, l'aubergiste, par une porte qui de l'intérieur du *Feu-Grisou* accédait à l'écurie, surgit au milieu de nous.

— Dites donc, les enfants, demanda le gros homme d'une voix ronflante, que peut-on vous servir ? On vient de défourner des barquettes et des biscotins !...

Il pinça familièrement la joue à Merlette.

— Tu connais ça, toi, fine chatte que tu es ! lui dit-il.

— Oui, Ramel, je connais ça, répondit-elle, les lèvres un peu pointues, portées un peu en avant comme pour goûter aux barquettes chaudes, aux biscotins brûlants.

— Pardi ! ton père t'en a payé assez, de gourmandises, quand il venait ici vider bouteille avec des compagnons. Ce pauvre Benoît Merle, quel moucheron de cave !

— Le moucheron a tant bu, tant bu, qu'il s'est calciné le sang à la longue et a descendu la garde avant son tour, dit le colporteur.

— Venez, les enfants ! conclut l'aubergiste.

Dans la vaste salle du *Feu-Grisou*, déserte à cette heure tardive, — deux heures sonnaient à la pendule, — sur une table plus longue que large, toute espèce de pâtisseries, encore crépitantes du four, se trouvaient alignées en bon ordre : des *barquettes* d'abord sur de grandes feuilles de papier gris, puis des *coques* sur une planchette de frêne, puis des *tortillons* sur une serviette très propre, puis enfin des *biscotins* sur des plaques de tôle plus luisantes que des glaces qui seraient noires, vous comprenez. Sauf les biscotins, s'offrant à l'œil nets de toute miette de sucre, les autres pièces apparaissaient blanches, poudrées à frimas jusqu'aux bords.

Le spectacle fort inattendu de tant de friandises adorables me troubla assurément ; mais l'effet produit sur moi ne fut rien comparé à l'effet produit sur Merlette. Entrée dans la salle de sa vive allure d'oisillon, dès la première vue de la table elle avait marché plus lentement, puis était demeurée immobile à trois pas, tombée en arrêt. Je l'observais du coin de l'œil et, par ce que j'éprouvais moi-même, je devinais la violence de ses convoitises.

— Vous savez, mes poulots, vous pouvez en manger à votre aise, comme du pain bénit à l'église. Les barquettes, trois sous pièce ; les tortillons, deux sous ; les coques, un sou ; les biscotins, deux liards.

Merlette me regarda fixement. Je crus à un appel. — Elle avait faim, peut-être. — Sans délibérer davantage, j'allongeai la main, saisis une barquette et la tendis à cette petite de Virginie dont les yeux inquiets demeuraient braqués sur moi.

— Alors, vous avez de l'argent, monsieur le neveu ? me demanda Siebel.

Le nez du juif, très renflé, très gros, me parut soudain plus gros et plus renflé. Comme si l'on pouvait suivre l'argent à la piste, Zidor subodorait à la ronde de toutes ses narines extraordinairement ouvertes.

— Parbleu! si j'en ai, de l'argent! lui répondis-je, frappant sur mon gousset un coup qui mit en branle et ma monnaie et celle du respectable M. Matheron.

— Oh! oh! monsieur le neveu, vous voilà plus riche que la mer avec ses poissons! s'exclama-t-il, touché par ce tapage.

— Ramel, dis-je à l'aubergiste d'un ton qui n'alla pas sans crânerie, Ramel, avez-vous du vin blanc de Maraussan ?

— Je crois qu'il m'en reste deux ou trois fioles.

— Portez-nous-en une, s'il vous plaît.

Et d'un geste superbe j'enlevai une barquette, où je plantai les dents avec une telle énergie, un tel orgueil, que, la frêle pâtisserie craquant sur dix points à la fois, un nuage de sucre se répandit à travers mon gilet, le blanchit jusqu'au dernier bouton. Je n'étais pas content; mais Merlette riait comme une perdue, tandis que Siebel, sérieux, recueillait sur le plancher les morceaux épars de ma barquette et les engloutissait sans vergogne, répétant après chaque bouchée :

— Ce qui tombe dans le fossé est pour le soldat, ce qui tombe dans le fossé...

VII

Sur l'un des coins de la grande table l'aubergiste étendit un napperon de grosse toile de genêt, jaune, toute neuve, raide comme une planche, y déposa deux assiettes, puis la bouteille de maraussan avec des plateaux de corne pareils à nos plateaux du presbytère, achetés jadis à Zidor.

— Allez-y de bon cœur, les enfants ! nous dit-il.

Ce fut une fête inénarrable. Je vivrais cent ans et plus, que je n'oublierais pas Merlette croquant le butin que je lui offrais sans préoccupations, sans autre préoccupation que de lui plaire, de la réjouir un instant. — Que m'arriverait-il après cette liesse, ce soir, à Camplong? Que m'arriverait-il, au confessionnal, dans l'église de Graissessac? — Je n'y pensais aucunement, ne voulais aucunement y penser. Personne et rien n'existaient au monde que Merlette, et pourvu que Merlette fût contente...

Elle l'était, contente, la gamine de Virginie Merle, elle l'était. Je la voyais de temps à autre, par un mouvement de son bras plus souple qu'un osier de l'Espase, glisser sa menotte un peu griffue jusqu'aux friandises étalées et happer une pièce au vol : à présent un tortillon, puis une nouvelle barquette, puis deux biscotins ensemble. Et quelle joie je goûtais à la contempler mangeant! Ses lèvres rouges, ses dents blanches — des quenottes de souris — avaient des mouvements, un jeu, un bruit d'un charme particulier qu'il ne me fut jamais donné d'observer depuis. — Ah! mon oncle aimait à voir manger le vieux Joseph Lasserre, des Passettes. Et moi, Merlette!... — Elle seule avait cette façon de grignoter les pâtisseries, de leur faire rendre, avant de les avaler, ces notes discrètes, susurrantes de source cheminant sous bois. De quel éclat brillaient ses yeux de mésange délurée!

Et si, d'aventure, un menu grain de sucre venait à pleuvoir sur son menton, comme sa fine langue de chatte, par un pourléchement très doux, ramenait vite le bien perdu !

— C'est bon, n'est-ce pas, Merlette ?
— Oui, monsieur Jean, c'est bon.
— Buvons-nous un doigt de maraussan ? Moi, je commence à avoir soif.
— Et moi aussi, j'ai soif.

Je pris la bouteille, en fis lestement sauter le bouchon ainsi que j'en avais contracté l'habitude dans notre caveau du presbytère, où le temps m'était compté, et d'un élan brusque remplis nos deux verres jusqu'aux bords. Verser de pareilles rasades, de vraies rasades du mineur Benoît Merle, ce n'était pas fournir à ma compagne la preuve d'une éducation bien distinguée. Mais, l'avouerai-je ? à cette fête, la première fête de ma vie, malgré que j'en eusse, je ne savais me défendre de quelque effroi. — Dites donc au Rat des Champs, invité par le Rat de Ville, de ne pas trembler dans sa peau « sur le tapis de Turquie » où La Fontaine leur a mis le couvert. — A toute minute, me semblait-il, allait se produire un événement fâcheux. Certes, ni mon oncle, ni Prudence, retenus à la paroisse, le premier par la confession de presque tout le village, la seconde par l'œuvre compliquée du réveillon, ne viendraient me surprendre au *Feu-Grisou*; mais M. le curé Matheron, moins occupé que M. le curé Fulcran, — nous n'avons pas un protestant à Camplong et il a plu à Dieu d'infester Graissessac de cette engeance diabolique, — mais M. Alexandre Matheron, aussi libre la veille de Noël que les autres jours, ne pouvait-il pas passer et entrer chez les Ramel, des catholiques, et de bons catholiques, j'en réponds, surtout Catherine Ramel, la femme de l'aubergiste, qui communie vingt fois l'an, qui très probablement communiera cette nuit, comme moi... Justement, à la seconde même où j'inclinais la fiole de maraussan sur nos verres vides, cette idée du devoir qui s'imposait à moi de m'approcher de la sainte table à la messe de minuit, m'avait saisi avec une telle force, une telle violence, que mon corps en avait frémi. De là, les erreurs de ma main qui, toute tremblante, versa sans mesure et un peu au hasard, car plus d'une goutte de vin blanc éclaboussa la nappe, les assiettes, les plateaux. Cette émotion, toutefois, encore que pénible par un rappel à la réalité toujours menaçante, ne m'empêcha pas de trouver très mauvais le maraussan du *Feu-Grisou*. Que nous étions loin du maraussan de mon oncle! Tandis que celui-ci vous caressait la langue, vous parfumait la bouche, vous répandait jusque dans l'estomac le goût du sucre fondu, celui-là, sec, dur, hostile, vous enduisait le palais de je ne sais quelle écume picotante qui, au lieu de vous désaltérer, vous donnait soif. Puis il fallait voir la couleur obscure, troublée, suspecte, de ce liquide singulier! A Camplong, c'était de l'or et du soleil coulant dans votre verre; à Graissessac, c'était du plomb et du brouillard. — Ah! Paulin Ramel, Paulin Ramel, que c'est mal, pour un catholique de Graissessac, qui devrait édifier les protestants par de bons exemples, de tromper ainsi ses pratiques!

Je déposai mon verre avec une moue dégoûtée et regardai Merlette. Elle buvait à pleines lèvres, les yeux ravis, très ouverts.

— Comment! tu aimes ça, toi? lui dis-je.

— Oui, je l'aime... Et vous, monsieur le neveu?

— Moi, pas du tout.

J'articulais ces mots à peine, qu'une grosse patte velue, noueuse, apparut sur le napperon, s'empara de mon verre, l'enleva.

— Eh bien, Zidor! m'écriai-je, offusqué.

— Si vous n'achevez pas votre maraussan, pourquoi le laisser perdre? gloussa le juif.

Et, le coup une fois avalé, il grommela son refrain favori:

— Ce qui tombe dans le fossé est pour le soldat.

Le colporteur, altéré à toute heure du jour et de la nuit, aurait volontiers tordu le cou à la bouteille, mais la fillette de Virginie la cacha sous son tablier.

— Cette petite est maligne comme un singe, dit Zidor, se résignant... Oh! puis, voyez-vous, monsieur le neveu, moi, je pardonne tout à Merlette. Elle est si gentille! Demandez-lui combien de fois je lui ai donné un cent d'épingles pour rien...

— Tiens! avec quoi aurais-je attaché mes nippes? dit-elle d'un ton que j'aurais voulu moins effronté.

— Enfin, oui ou non, t'ai-je baillé mes épingles pour rien, et une fois, avec mes épingles, une bague de trois sous?

— Pas pour rien, la bague, puisque vous avez exigé deux baisers.

— La belle affaire, deux baisers!

— Vous croyez donc que, sans vos épingles et votre bague, je vous aurais embrassé, vous qui êtes vieux, qui êtes laid, qui sentez le rance, qui n'êtes pas de notre religion?

Elle m'apostropha tout d'un coup :

— N'est-il pas vrai, monsieur Jean, que ce sont les Juifs qui firent mourir Notre-Seigneur sur la croix?

— Oui, Merlette, ce sont les Juifs, les Juifs de Jérusalem, lui criai-je, touché de sa question et fier de pouvoir y répondre amplement.

Le colporteur s'était penché sur les paniers qu'il imposait à Nanie dans ses perpétuels voyages à travers l'Espinouze et les monts d'Orb. Là, se trouvaient entassées ses marchandises. Il fouillait de ses gros doigts parmi les paquets accumulés, brouillant tout, bousculant tout. Soudain, il agita un long chiffon bleu de ciel, le secoua à plusieurs reprises pour en faire tomber la poussière, puis, le brandissant devant les yeux de Merlette, qui s'allumèrent :

— Voilà qui te serait plus utile que des épingles et qu'une bague, ricana-t-il.

— Une *capette!* roucoula-t-elle, charmée.

— Et qui t'irait mieux que le mouchoir déchiré dont tu t'entortilles le cou.

Elle tendit la main pour saisir l'objet; mais le juif le lui déroba et, passant de l'autre côté de la table, déploya la capette dans toute sa magnificence. Tantôt, pour donner de la valeur à ce pittoresque capuchon à pèlerine, dont les paysannes de nos montagnes se couvrent gracieusement la tête et les épaules, le rusé colporteur imprimait à l'étoffe des airs à faire croire qu'un joli minois de fillette s'y trouvait logé dedans; tantôt, il se contentait d'étaler les pans très larges de la pèlerine, insistant sur la souplesse de la flanelle que pas une mite n'avait touchée, dont la couleur solide résisterait au soleil.

— Te vois-tu avec cette crête rouge sur le front, Merlette? souffla le tentateur, montrant un gland écarlate cousu à l'extrémité haute de la capette.

— Oui, je me vois, soupira-t-elle.

— C'est à la messe de minuit que tu serais belle!

— Oui, je serais bien belle.

— Et ce n'est pas Galibert seul qui te regarderait, mais encore M. le neveu...

— Ah! oui, M. le neveu avant Galibert...

— Il faut demander à M. le neveu, qui est riche, de t'acheter la capette pour ton cadeau de Noël.

Moi, j'étais riche!... Moi, acheter une capette!... Je ne revenais pas de l'audace de Siebel, et tout de même cette audace me flattait. Merlette, fascinée, se tenait toujours tournée vers le colporteur, dont l'espoir d'un gain bien inattendu quand il allait quitter le *Feu-Grisou*, avait mis toute la machine en branle. Il allait, venait, alerte, vif comme un écureuil. Il transpirait de la joie à travers ses mouvements, même à travers ceux de sa bosse, s'abaissant très bas, se relevant très haut par le coup de sa respiration précipitée. De sa main lourde et chaude comme un fer à repasser, une fois il aplatit certains plis de la capette trop apparents à son gré.

— Veux-tu l'essayer, mignonne? demanda-t-il, acharné dans sa poursuite.

Elle tenait encore au bout des doigts un fragment de sa deuxième barquette; elle le rejeta sur la table et courut au juif. Mais, comédie singulière ! celui-ci, soit qu'il ne lui déplût pas de batifoler avec une jeunesse qui avait eu le tort de lui faire connaître le goût de ses baisers, soit qu'il essayât de vendre sa marchandise plus chère en ayant l'air de la soustraire à la pratique, de vouloir la garder, se mit à galoper autour de la table, répétant de sa voix de chien enrhumé :

— Qui m'aime me suive ! qui m'aime me suive !

A la fin, cette course de Merlette après un homme mal peigné, déjà âgé, — j'avais ouï dire à Prudence que Siebel, encore que vert malgré ses disgrâces de nature, frisait la soixantaine, — à la fin, cette course me mit mal à l'aise, m'agaça. Je ne fus pas maître de me contenir, et, m'élançant d'un bond, je saisis le colporteur à la gorge, et si rudement qu'il poussa un cri rauque, puis, de tout son dos, roula sur le plancher. Sa bosse eut une manière de gémissement. Pourtant cette bosse surprenante, plus élastique qu'une de mes balles à jouer, redressa tout aussitôt le colporteur sur pieds.

— Vous êtes un peu trop vif, monsieur le neveu, me dit-il sans se fâcher.

— Je ne l'ai pas fait exprès, Zidor, je vous l'assure... Buvez un coup !

Il ne se le fit pas répéter, et reprit le verre qu'il avait vidé tout à l'heure si effrontément.

Tandis que je lui versais le détestable maraussan de Paulin Ramel, le juif, qui avait la main droite embarrassée de son verre, happa de la gauche le morceau de barquette dédaigné par Merlette et se le passa sous la dent.

— Si je ne mangeais pas une miette de quelque chose, j'aurais peur que ce vin blanc ne me restât sur l'estomac, mâchonna-t-il.

Il engloutit ensemble et pâtisserie et maraussan.

Mais où était Merlette? que faisait Merlette? Pendant que j'abreuvais Zidor, cette fille de Virginie Merle, friponne comme une chouette, s'était emparée de la capette, se l'était nouée autour du col et, droite de toute sa taille devant une glace éraillée appendue à l'un des murs de la salle, se regardait de ses deux yeux. Quel air étonné sur son visage, devenu grave soudainement ! En se trouvant en face d'elle-même, Merlette paraissait saisie. — Elle ne s'était donc jamais regardée dans un miroir ? — Il n'y avait pas de miroir sans doute chez sa mère. Du reste, de ce côté-là, nous n'avions pas lieu d'être fiers à la cure. Qui croirait que, dans une maison où rien ne manquait de la cave au grenier, où les armoires regorgeaient de linge, où la cuisine abondait en ustensiles de cuivre et de fer-blanc, où trois bois de bibliothèque contenaient plus de mille volumes, on ne possédait qu'un petit miroir rond, grand comme la main, encadré d'un filet de noyer, que mon oncle retirait régulièrement du tiroir de son prie-Dieu le samedi vers dix heures du matin, et suspendait à l'espagnolette de sa chambre pour se raser ? Aussi, faute de pouvoir nous renseigner sur notre mine et sur notre toilette, que de fois nous sortions du presbytère, mon oncle le rabat sur l'épaule, Prudence la coiffe de travers, moi la cravate au vent ! Je n'insiste pas sur nos figures, d'où la seule inspection d'un coup d'œil eût chassé les menus grains de charbon qui pleuvaient sans cesse sur nous. Dans nos montagnes, la houille brûle tout le long de l'année : l'automne et l'hiver dans les séchoirs pour accommoder les *châtaignons,* le printemps et l'été dans les maisons pour accommoder la nourriture de chaque jour.

— Voyez-la, monsieur le neveu, voyez-la ! me répétait Siebel.

Merlette se tenait devant la glace détamée du *Feu-Grisou* et se contemplait ébahie. Pour admirer le plus qu'elle pouvait d'elle-même, elle s'étirait, sur la pointe de ses sabots, d'une sorte d'élan enthousiaste qui l'amincissait comme un roseau. Elle demeurait là dans une posture difficile à garder, fichée, ne penchant ni à droite ni à gauche, absorbée en une extase où elle semblait goûter les délices du paradis. Sainte Germaine, la jeune bergère de Pibrac dont mon oncle m'avait rapporté une image après un pèlerinage au pays de la sainte, du côté de Toulouse, sainte Germaine, debout au milieu de ses moutons, les mains jointes, le visage au ciel, l'être ravi en une pose qui me la faisait trouver charmante, ne paraissait pas plus « jouir en Dieu, » pour rappeler un mot de l'*Imitation* souvent redit au presbytère, que ne « jouissait en elle-même » cette fillette de Virginie. Qui sait ? peut-être mon oncle, entêté, pour l'édification et l'encouragement de ses ouailles, à répandre les saints et les saintes parmi les ménages de la paroisse, avait-il fait à Merlette le même cadeau qu'il m'avait fait, et Merlette, en ce moment, s'amusait-elle à imiter sainte Germaine gardant son troupeau dans les campagnes de Pibrac ?

Pourtant, ce colporteur abominable ne cessant de naziller : — « Voyez-la ! voyez-la ! » — une chose me frappa à la longue : Merlette, à l'exemple de sainte Germaine, ne tenait pas ses mains jointes et serrées contre sa poitrine. — Oh ! mais, pas du tout, pas du tout. — Les mains de cette fille, au lieu de se montrer, comme chez la sainte, pénétrées du recueillement de toute sa personne, allaient et venaient avec une liberté qui, blessant en moi certaines délicatesses intimes, me parut absolument déplacée. Quelle différence entre les menottes roses, au repos, de la Bienheureuse de Pibrac et les griffes de Merlette, un peu noires, toujours en l'air ! A présent, elle ramenait, d'un mouvement lent de caresse, le capuchon de la capette de Zidor sur sa chevelure, dont les mèches fuyaient de toutes parts, broussailleuses comme des ronces ; puis, d'une tapette hardie, elle rejetait ce même capuchon, qui s'affaissait sur ses épaules en plis gracieux. Spectacle charmant ! son cou se dégageait du bleu profond de la flanelle avec des blancheurs argentées de jeune bouleau dans l'ombre des bois.

— Voyez-la, monsieur le neveu, voyez-la !

Après ce nouvel appel du colporteur, ne tenant plus à une curiosité qui me brûlait le sang, je quittai ma place près de la table et m'avançai vers cette Merlette rencontrée aux châtaigneraies du Jougla. Je n'étais pas ivre, certes, car mes lèvres ayant effleuré le maraussan de Paulin Ramel, un insurmontable dégoût ne m'avait pas permis d'en avaler une goutte; pourtant j'allais de travers dans la salle du *Feu-Grisou*, et je ne me serais pas appuyé, de-ci de-là, aux chaises, une fois à la bosse de Zidor qui se trouva très à propos sous ma main, que peut-être je serais tombé. — D'où venait un pareil état? Étaient-ce ces pâtisseries défendues qui me grisaient ainsi? — Cahin-caha, je parvins jusqu'à la glace. Merlette se retira.

— A vous, monsieur Jean, me dit-elle.
— A moi?
— Oui, à vous de vous regarder.
— Pourquoi me regarderais-je?
— Pour vous voir. C'est si amusant de se voir, si amusant!
— Moi, ça ne m'amuserait pas...
— Voulez-vous que nous nous mettions au miroir ensemble?...

Je ne sais comment la chose arriva : cette petite paysanne n'avait pas fini de parler, que, sa joue droite collée à ma joue gauche, nos deux visages émergeaient dans la lumière douce, voilée, de la vieille glace du *Feu-Grisou*. Tout à coup, par-dessus nos têtes, se dessina dans le vague le profil grotesque de Siebel. Nous nous prîmes à rire tous les trois, Merlette bien plus fort que moi, un peu moins fort que Zidor, dont la bouche énorme, ouverte en entonnoir, laissait échapper les braiements de Nanie.

VIII

Mais nous n'en avions pas fini avec ce juif, de Jérusalem sans doute, perverti comme tous ceux de sa race. Un peu interdits après cette explosion de gaieté brusque, Merlette et moi nous avions regagné nos chaises autour de la table, et nous nous étions assis. Nous demeurions là silencieux, têtes baissées, n'osant lever la main pour toucher ni à une barquette ni à un biscotin. Pourquoi cet embarras ? Je n'aurais pas pu dire clairement ce qui le provoquait chez Merlette ; chez moi, il venait de mon éblouissement devant la glace des Ramel.

Comment exprimer la sensation de bien-être tout ensemble et d'effroi que j'avais éprouvée, quand la joue chaude de cette fillette de Virginie Merle et de Benoît Merle s'était appliquée contre ma joue glacée. Le maraussan de mon oncle avalé dans la peur, à la cave ou à la sacristie, ce maraussan divin dont chaque glouglou me promenait par la bouche d'abord, ensuite par l'estomac, puis par tous les membres, une fraîcheur délicieuse, n'était rien comparé à l'enivrement très doux, un peu douloureux à force d'être profond, que m'avait procuré le simple contact du visage de Merlette. L'impression avait été si aiguë, qu'à plusieurs reprises je portai la main à la blessure qu'on venait de me faire, persuadé que j'allais découvrir du sang au bout de mes doigts. Rien, absolument rien qu'une cuisson comme je n'en avais jamais ressenti quand, en tendant mes trébuchets aux grives de Bataillo, je me piquais aux fines aiguilles des genévriers, une cuisson qui ne faisait aucun mal.

— En voilà des amoureux! en voilà des amoureux! ricana Siebel, tournant sans cesse autour de Merlette et lui glissant à l'oreille un mot par-ci, un mot par-là.

— Nous ne sommes pas des amoureux, Zidor, protestai-je, scandalisé.

— Pourquoi batifolez-vous ensemble?

— Vous nous avez donc vus batifoler?

— Il me semble même, monsieur le neveu, soit dit sans vous offenser, que, le long du ruisseau de Graissessac, vous serriez Merlette d'assez près. Encore un peu plus fort, et je ne sais pas si, avec Nanie, je n'aurais pas été obligé de prendre un autre chemin pour vous laisser continuer tranquillement...

— Vous êtes un méchant homme, m'entendez-vous, Siebel? m'écriai-je, prêt à m'élancer sur lui.

— La paix, monsieur le neveu, la paix...

Il alla vers Merlette, et ses grosses mains dénouèrent, fort prestement, ma foi, les cordons en ruban de fil de la capette, qui lui appartenait. Elle se laissa dépouiller sans un geste, sans un cri. Seulement, quand le colporteur, ayant replié les pans ourlés d'un liséré noir de la capette, se disposa, avec une lenteur trop apprêtée pour ne pas recéler un piège, à enfouir sa marchandise dans l'un de ses paniers, ne tenant plus à un supplice atroce, Merlette, jusque-là immobile à sa place, n'eut qu'un bond et se trouva suspendue à mon cou.

— Monsieur Jean!... monsieur Jean!...

Un sanglot lui coupa la voix. Je lui déliai les bras amicalement. Elle était d'une pâleur horrible. Elle glissa sur une chaise. Elle me regarda avec des yeux noyés et répéta très bas :

— Monsieur Jean! monsieur Jean!...

Quel service nous rendit Isidore Siebel! Sans lui, qui eut l'idée d'imbiber d'eau l'une des serviettes de Ramel et d'en rafraîchir les tempes de Merlette, j'ignore ce que nous serions devenus. Pour Merlette, elle serait morte peut-être; quant à moi, je me serais trouvé mal certainement. Ce juif fut très ingénieux à relever la petite de Virginie, et il y réussit par un moyen bien simple : il retira la capette du fouillis de ses paquets et la lui replaça coquettement sur la tête, en ayant soin de relever le gland, qui forma comme une cocarde sur son front. Elle me regarda de nouveau; puis son visage s'éclaira du plus ravissant sourire. Je perdis la tête, et, me tournant vers le colporteur, toujours occupé d'attifer ma mignonne amie :

— Combien cette capette?

— Vous voulez l'acheter?

— Combien?

— Si c'est pour en faire cadeau à la jolie Merlette, je vous la livrerai...

— A combien me la livrerez-vous?

— Palpez-la d'abord.

Je la palpai d'une main tremblante.

— Que pensez-vous de cette étoffe, monsieur le neveu?

— Comme elle est chaude, cette étoffe! balbutiai-je, sentant le bout des doigts me brûler.

— Tenez, je veux vous montrer la doublure...

J'ignore si ce fut quelque ruse du juif ou si le hasard seul s'en mêla, le fait est qu'en reprenant son lambeau de flanelle à Merlette, immobile, palpitante comme un oiseau retenu par les ailes et qui attend sa liberté, les cheveux mal attachés de la petite se dénouèrent et coulèrent comme un flot. Souvent, au village, en avisant la fillette de Virginie sortant du catéchisme avec sa tignasse noire ébouriffée, je m'étais demandé pourquoi sa mère lui laissait pousser les cheveux si épais et si longs; pourquoi, à l'exemple de mon oncle, habitué à me tondre ras chaque mois, elle ne s'armait pas de ciseaux de temps à autre pour fourrager en cette toison emportée à tous les vents. Maintenant, je trouvais que la veuve avait eu raison de ne pas abattre les belles mèches bouclées qui noyaient les épaules de son enfant, rebondissaient à grands jets le long de sa poitrine et sur son dos. Peut-être, dans la profusion de cette chevelure débordante, le minois petit et pâle de Merlette me parut-il plus petit et plus pâle; peut-être son cou un peu mince me parut-il plus mince encore; quoi qu'il en soit, si elle était changée, elle l'était à son avantage, car jamais je ne l'avais vue si touchante que je la voyais. Une chose seulement m'irritait! les façons trop familières de Siebel. Ce misérable juif, que je détestais décidément, n'osait-il pas, comme pour mettre quelque ordre à gauche et à droite de cette tête merveilleuse de beauté dans son expression sauvage, poser partout ses gros doigts velus, et arranger ceci, et arranger cela!...

— Enfin, allez-vous finir, Zidor? lui criai-je, résistant mal à mon envie de l'écharper.

— Pour vous, monsieur le neveu, la capette, qui vaut dix francs, n'en vaudra que cinq.

— Voilà!

D'un geste dont j'eus à peine conscience, je saisis, au fond de mon gousset, les cinq francs de la messe de la sainte Barbe, patronne des mineurs, les cinq francs du respectable M. Matheron, et les jetai dans la patte tendue du colporteur. Malgré le papier de mon cahier de thèmes, qui se creva comme le matin s'était crevé le papier du *Réveil catholique de Lyon*, — rédacteur en chef, M. l'abbé Philibert Tulipier, — Siebel ne laissa pas fuir la moindre monnaie.

Après cet effort, cet énorme effort qui était un crime, je sentis mes jambes se dérober et je fus contraint de m'asseoir. Dans l'anéantissement où je fus précipité, il me sembla entendre la voix de Merlette qui me disait amoureusement : — « Merci, monsieur Jean ! » — Toutefois, je ne saurais rien affirmer de positif à cet égard. Par exemple, après un long moment, je sentis quelque chose de doux, de caressant sur l'une de mes joues, — j'ai oublié laquelle, — quelque chose de comparable à l'effleurement d'une aile de linot qui vous frise à travers un chemin creux, quand les ronces ont des mûres pour tous les becs de la création. Ce fut agréable au delà de ce que je pourrais dire, et cela pénétra très à fond.

— C'est toi, Merlette ? demandai-je.

— Puisque vous m'avez fait un présent, il faut bien que je vous embrasse...

— Eh bien ! c'est comme ça qu'on se conduit au *Feu-Grisou ?* nous cria Paulin Ramel.

Je fus consterné.

— Ne vous gênez pas, mes poulots, repartit l'aubergiste, il n'est pas défendu de se câliner un brin après une noce. Mais tout prend fin en ce monde de la terre, et, si vous ne mangez plus, il faudrait faire place à d'autres. Trois heures sonnent, les mineurs de Brochin vont venir se rafraîchir ici...

Il s'interrompit. Puis, tout à coup :

— Vous devez quarante-cinq sous, Verjus compris... Qui paye ?

Je ne pus articuler un mot. Ma langue était

de bois. Je retirai mes trois francs — les trois francs bien à moi — et acquittai la note, plus mort que vif. Comme je demeurais là ébaubi, Merlette, qui s'était emparée des quinze sous rendus par Ramel, me prit la main et m'entraîna. — Où allions-nous ? — Je la suivais en un état complet de somnambulisme. Nous descendîmes deux marches, puis une. Nous étions dans l'écurie du *Feu-Grisou*. Quel coup de gosier eut Verjus à notre approche ! J'en fus réveillé. Le mulet des Bassac avait allongé sa tête vers nous et nous regardait amiteusement.

— Tu t'ennuyais donc sans notre compagnie ? lui demanda Merlette.

Il ne se contenta pas d'un hennissement joyeux cette fois ; il s'enleva des quatre fers avec la légèreté d'un chevreau, puis lança dans le vide une ruade mirifique. Quand je dis dans le vide, l'expression n'est pas tout à fait juste, car, avant que Verjus eût repris assiette sur la litière écarbouillée, un cri avait retenti aigrement.

C'était Siebel. Le colporteur, rôdant par là afin de détacher son ânesse, avait manqué de recevoir en pleine poitrine la détente du jarret de Verjus. Le sabot de notre bête avait frisé la veste de Zidor ; un pouce de plus, et les côtes du bossu volaient en éclats, pareilles à des ételles de bois sec. Ma foi, je l'avouerai sans honte, l'effarement du juif, après une alerte où il avait couru risque de laisser la vie, ne me toucha guère, et tandis que Merlette, quand il passa devant nous tirant Nanie par la bride, essayait de se condouloir avec lui, moi, je demeurai bec cousu. Cet homme, pour mille raisons obscures, m'était odieux, et peut-être n'aurais-je pas été fâché qu'il lui arrivât malheur. Au seuil de l'écurie, il arrêta sa bête, et, par un bond de carpe, — les bossus ont une gymnastique qui leur appartient en propre, — s'implanta sur la barde. Nous l'entendîmes, en s'éloignant, fredonner de sa voix enrouée de crécelle un refrain qui lui était familier :

Allons, Nanie,
Partons d'ici.
Au Feu-Grisou,
Plus rien pour nous...

Je ne sais jusques à quand, Merlette et moi, nous serions demeurés à la porte de l'auberge, suivant des yeux ce juif qui s'en allait au pas de sa monture en nous faisant des gestes où mon malaise démêlait plus d'ironie que de sincère amitié, si le valet d'écurie des Ramel ne nous eût amené Verjus étrillé, bardé, bridé.

— Il y a cinq sous pour l'affenage, dit l'homme.

Merlette, qui retenait toujours ma monnaie, lui compta les cinq sous dans le creux de la main, puis glissa le restant des pièces dans la pochette de son tablier.

— Alors, tu gardes mon argent jusqu'au dernier sou? lui dis-je, les dents serrées.

— Je pensais que vous me l'aviez donné.

— Je ne t'ai rien donné.

— Et ça, monsieur Jean? fit-elle, touchant la capette qui lui encadrait le visage d'une large bande bleue, d'où il se dégagea plus resplendissant que jamais.

Je baissai la tête, moitié par l'embarras de répondre, moitié par l'ennui de ne pouvoir soutenir l'éclat de ses traits, qui m'éblouissaient, comme si d'aventure j'avais tourné ma face toute vers le soleil. La maligne, plus leste, plus vive, plus rusée qu'une mésange-charbonnière de l'Espase, profita de cette seconde où je n'y voyais goutte, où ma gorge aride se serait déchirée jusqu'au sang avant d'articuler un mot : elle s'enleva des deux ailes, se trouva je ne sais comment imposée sur la barde de Verjus bride en main, lança le mulet des Bassac de toutes ses jambes, de tous ses naseaux, et disparut par la route de Brochin.

Jamais enfant plus attrapé que le neveu de mon oncle. Je bâillai à la grande route des mines durant d'interminables minutes. — Allais-je me précipiter sur les traces de Verjus? — Je me précipitai, en effet, par une sorte de vertige qui me venait de Merlette disparue, de Merlette que je ne verrais peut-être plus. Mais je n'avais pas fait dix pas parmi les ornières de ce chemin mal entretenu, creusé de trous profonds dans la houille pilée par les roues des charrettes, que, l'un de mes pieds venant à glisser, je mesurai le sol de la longueur de mes jambes et de mes bras. On devine en quel état je me relevai. Une fine poussière de charbon me recouvrait de la tête aux pieds, et j'avais plutôt l'air d'un de ces gamins noirs, déguenillés, employés à Brochin pour traîner les wagons à travers les galeries, que de l'enfant gâté, pomponné, de Prudence Ricard et de M. l'abbé Fulcran. Pour comble de malheur, je ne m'étais pas remis debout, que je me vis entouré d'une meute hurlante de chiens. Carlins au poil ras, roquets au nez retroussé, doguins à la dent saillante, accourus des forges voisines, où le travail était suspendu durant le repas, me serraient dans un cercle étroit et me menaçaient à qui mieux mieux. Si j'avais eu seulement en main le brin de châtaignier coupé dans le Jougla! Je l'avais perdu.

— 'Allez-vous me laisser passer! m'écriai-je,

Ils ne bougèrent, et, le col tendu, les babines raidies et écumeuses, ils continuèrent leurs complaintes.

— A la fin ! hurlai-je, ivre de fureur.

J'avais déjà levé le pied pour le lancer en avant, comme Verjus l'avait lancé en arrière dans l'écurie du *Feu-Grisou,* quand un énorme chien-loup, un de ces chiens de berger, hargneux et méchants, tels qu'on n'en rencontre guère à Graissessac, où leur taille trop haute, leur férocité trop connue ne permettraient pas de les utiliser dans les tambours des clouteries, se dressa devant moi et me barra le passage. Il ne s'agissait de rien moins que de me faire dévorer. Je compris cela, et, au lieu de persister à vouloir poursuivre vers Brochin, je fis volte-face incontinent.

Du côté du village, le chemin était libre. J'aperçus bien, au pas des portes, quantité de bêtes, museau en l'air; mais elles demeuraient immobiles autour des gens « prenant le soleil » en mangeant la soupe. Je hasardai quelques pas dans cette direction. Le troupeau infernal qui m'avait soudain enveloppé se contenta de me suivre, assourdissant ses abois peu à peu. Lorsque je traversai le bas du ruisseau où je m'étais tant diverti, d'abord avec Verjus, puis avec Merlette, pas un carlin, pas un roquet, pas un doguin ne s'était détaché de ma piste.

Je sentais des dents me mordiller le pantalon, me le friper peut-être...

— Est-ce que cette meute te mène à l'église, Jean? me demanda M. Mothe, le médecin, comme je défilais devant sa maison avec la bande.

— Elle m'a suivi, monsieur Mothe, balbutiai-je.

— Veux-tu que je te débarrasse de ces avale-tout-cru, moi?

Il retournait sans doute de visiter quelque malade dans la montagne, car il tenait encore à la main le nerf de bœuf dont il fouaillait son vieux cheval *Pierril*. Sans attendre mon consentement, il se jeta sur la tourbe de mes suivants, et en quatre coups vigoureux m'eut délivré.

— Va-t'en à l'église tout seul maintenant, mon petit, me dit-il.

Assurément, le médecin de Graissessac, un brave homme grand et sec dans une vieille lévite olive à boutons de métal, venait d'ajouter un service à tous ceux qu'il m'avait déjà rendus quand j'avais été malade à Camplong; mais, en somme, c'étaient les chiens échappés des forges à ma chute sur la route de Brochin, qui m'avaient remis dans la voie du salut. Si, au lieu de me trouver étreint par une ceinture de gueules affamées, j'eusse été libre de pousser jusqu'à la mine, que serait-il advenu de moi?

Dans la folie qui m'emportait vers Merlette, ne me serais-je pas perdu, irrémédiablement perdu ? Les carlins, les doguins, les roquets de Graissessac m'avaient sauvé. C'était un miracle, c'en était un.

En cheminant d'un pas qui ne dévierait plus du devoir, je ne pouvais m'empêcher de penser au chien de saint Roch, si attentif à son maître, qui, d'après l'historien Godescard, auteur de ma *Vie des Saints*, ne manquait jamais de le réveiller aux heures des oraisons. Tantôt il le tirait par la manche, tantôt d'un fin coup de patte il détachait une des coquilles de sa pèlerine, et, la coquille faisant du bruit en se cassant contre une pierre, le saint se dressait sur pieds, puis tombait à genoux et priait. Oh ! le bon chien, ce chien pieux de saint Roch ! Il devait être en paradis aujourd'hui, à côté de son maître, assis sur son arrière-train, tel qu'on le représente dans les tableaux. Saint Roch étant né à Montpellier, mon oncle l'appelait dans ses sermons « notre saint Compatriote, » et j'avais pour lui une dévotion particulière.

Ces réflexions m'ont conduit jusqu'à l'église. La voilà hissée en haut d'un tertre pierreux, avec sa porte verte, son clocher misérable malgré sa cloche neuve, son œil-de-bœuf entre la porte et le clocher... Mais que fait cette bête poilue, hérissée, aux oreilles courtes et frémissantes, plantée au seuil même de l'église de Graissessac? Je reconnais le chien-loup de tantôt. Le nerf de bœuf de M. Mothe n'a donc pu le décider à battre en retraite, celui-là ?... Il me regarde... Il vient à moi... J'ai peur et je recule... Il me flaire en se fouettant les flancs de sa queue, ce qui est la marque de dispositions pacifiques... Il me caresse les jambes de son panache large étalé... Je me rassure et projette une main vers lui... Il me lèche les doigts délicatement, tendrement. Le chien de saint Roch me revient à l'esprit. Celui-ci me surveille, comme l'autre le surveillait. Il veut que j'aille à l'oraison, autrement dit, à confesse. Je me sens fort, fort ému, et je lui dis, plantant mes yeux noirs dans ses yeux jaunes :

— Merci, chien-loup de Graissessac que je ne connais pas, merci.

Moi, j'entre dans l'église, et lui, détale avec un aboiement joyeux.

IX

Qu'est-elle aujourd'hui, cette église de Graissessac? L'a-t-on réparée? l'a-t-on agrandie? Déjà, dès cette époque, il était question d'abattre le presbytère et de développer le côté nord de l'édifice. Je sais bien que la réalisation de ce projet, œuvre d'un architecte du cru, rencontrait plus d'un incrédule, et j'entends l'énorme éclat de rire de mon oncle, un jour que M. le curé Alexandre Matheron lui déduisait, après le café, les raisons qui militaient en faveur du plan soumis à l'approbation du Conseil général de l'Hérault.

— Votre église sera rebâtie, ajouta M. le curé de Camplong, quand le chemin de fer, dont on parle et qui a fait planter tant de jalons dans nos châtaigneraies, viendra de Paris à la mine de Brochin.

— C'est-à-dire quand les poules auront des dents? ricana M. le curé de Graissessac.

— Voilà.

— Nous verrons bien! ne put se tenir de riposter M. Matheron.

Autant qu'il m'est possible, en fouillant ce passé lointain, de raviver mes souvenirs à propos de M. Alexandre Matheron, j'affirme que, son caractère sacerdotal réservé, il avait la réputation de *jouir* d'un naturel très entêté. Je ne serais donc pas surpris si ce vieillard opiniâtre avait mené à bout son dessein et était parvenu à réédifier et le presbytère et l'église de sa paroisse. D'ailleurs, la voie ferrée, dont mon oncle et Prudence faisaient des gorges chaudes, n'a-t-elle pas fini par entraîner des wagons immenses — des wagons comme on n'en avait pas vu dans le pays — jusqu'à l'entrée des galeries de Brochin... Ah! mon oncle Fulcran, mon cher oncle Fulcran, vous qui railliez les jalons fichés en notre terre cévenole par les ingénieurs de Paris, que diriez-vous, maintenant, si vous viviez?...

Lorsque j'y pénétrai, les jambes faibles, les

yeux brouillés, la petite église à une seule nef, avec deux chapelles latérales dédiées l'une à la sainte Vierge, l'autre à saint Joseph, me parut déserte. Je trempai les doigts dans le bénitier, me signai dévotement et tirai à gauche vers la chapelle de la Vierge. C'était à la vierge Marie, debout de toute sa taille, l'enfant Jésus dans ses bras, que j'avais contracté l'habitude d'avouer mes fautes avant de sonner le coup pour avertir M. Matheron. Je trouvais à cette statue de Graissessac, grande, élancée, très agréable de visage, presque souriante, je ne sais quelle vague ressemblance avec ma mère, et j'éprouvais toujours un nouveau plaisir à la voir, à me confier à elle en toute ouverture de cœur, à haute voix, persuadé d'avance de son indulgence, de son pardon.

Hélas ! il n'en alla pas cette fois ainsi qu'il en allait ordinairement. Je n'avais pas ouvert la bouche pour déclarer un premier péché : — Merlette m'embrassant sur la barde de Verjus en plein Jougla et moi la laissant faire au lieu de la rejeter dans le sentier, — que je fondis en larmes. Il m'était arrivé de pleurer, mais jamais avec cette abondance. Tous mes manquements énormes de la journée me montaient à la tête, m'apparaissaient, m'écrasaient. A travers ce bouleversement comme je n'en avais pas connu de pareil, — il faut la virginité d'âme de l'enfance pour éprouver certaines douleurs dans leur amertume, — à travers ce bouleversement, des idées me sautaient au cerveau qui étaient comme autant de coups de lance dans ma chair vive. Quels mots découvrirais-je pour raconter à mon confesseur ma vie coupable en glanant dans le Jougla avec cette fille de Virginie Merle ? ma vie encore plus coupable en mangeant et en buvant avec cette fille de Virginie Merle, à l'auberge du *Feu-Grisou* ? Et ce hideux Siebel, avec qui j'avais mené compagnie ? Et la capette que j'avais achetée à ce juif de Jérusalem avec les cinq francs de la messe de la Sainte-Barbe ? Et mes trois francs si péniblement amassés, dévorés en débauches, oui, en débauches abominables ? — Pour ces trois francs, encore qu'il me fâchât de ne plus les ouïr tinter dans mon boursicaut, j'aurais pris mon parti de les avoir dissipés ; pour les cinq francs de la messe des mineurs, remis à mon oncle par M. le maire de la commune lui-même, c'était autre chose...

Au redoublement de mes larmes, de mes sanglots, chaque fois que ma mémoire — le cri de ma conscience mordue par le remords — me retraçait mon crime, je sentais que je n'en serais jamais lavé, qu'il pèserait sur moi éternellement.

Le plus étrange, c'est que, devant la sainte

Vierge et l'enfant Jésus, témoins de mon désespoir, plus « je me fouillais jusqu'aux entrailles, » cherchant à deviner comment en quelques heures j'avais pu dépasser toutes les bornes, — devenir voleur, scélérat, infâme, — moins je réussissais à découvrir les motifs d'une conduite que rien dans mon passé n'aurait fait prévoir. Dans la confusion douloureuse de sentiments et d'idées où me précipitait le trouble de mon être bouleversé de fond en comble, ceci m'apparaissait nettement : la fillette de Virginie Merle avait eu envie de la capette de Siebel, et je la lui avais achetée pour lui complaire. Oui, mais je l'avais payée d'un argent qui ne m'appartenait pas, d'un argent sacré...

« Eh bien, après ?... »

Je n'avais pas articulé « *Eh bien, après ?* » que je me trouvai debout devant le petit autel de la chapelle. Que signifiait cette attitude, lorsque, humilié, à deux genoux, j'aurais dû poursuivre mon examen de conscience et me préparer, par une bonne contrition de mes fautes, à m'approcher du saint sacrement de la Pénitence ? — Je ne voulais donc pas me confesser ? — Ma foi !...

De mes yeux, desséchés par un souffle satanique, jaillit un regard chargé d'ironie qui alla braver, et à plusieurs fois, la corde tombant droit du clocher, à l'entrée du chœur. Je lui faisais mes adieux, à cette corde raide comme une barre, trouant l'arc-doubleau du pauvre édifice, descendant à la hauteur de la main. Elle avait beau se montrer à moi embellie d'un rayon parti de l'œil-de-bœuf, qui la faisait propre et jolie, je me garderais de la toucher, de frapper le coup qui appellerait M. Matheron. Je m'en allais, voilà ! — Je m'en allais où ? — A la mine de Brochin, parbleu ! où m'attendaient Merlette, Verjus, tout l'effroyable train de vie que j'avais mené, que je mènerais encore effrontément.

Je posais la main sur le loquet de la porte, quand une autre main s'abattit sur la mienne.

— Ah çà ! mais..., fis-je en reculant.

— Et vous avez osé, monsieur le neveu, entrer dans l'église en l'état où vous êtes ?

— Et en quel état suis-je, voyons ? répondis-je à la femme qui me parlait, car c'était une femme qui me parlait.

— Vous ne me remettez donc pas, monsieur Jean ?

J'écarquillai les yeux.

— Si, je vous remets, balbutiai-je, attrapé. Vous êtes Catherine Ramel, la femme de Paulin Ramel, du *Feu-Grisou*.

— Pourquoi pleuriez-vous comme ça ? Vous

savez bien que le bon Dieu est meilleur que les hommes, monsieur Jean ?

— Oui, je sais cela : mon oncle et Prudence me l'ont répété souvent, à la cure.

J'entre-bâillai la porte. Catherine Ramel me suivit.

— Vous n'étiez donc pas venu à l'église pour vous confesser, comme d'ordinaire aux grandes fêtes ?

— J'étais venu pour cela, mais je pars.

— Et vous ne communierez pas à la messe de minuit ?

— Moi, communier ! Si vous saviez ma conduite !...

— Vous la direz à M. le curé, votre conduite, et Dieu vous pardonnera.

— Mes péchés sont trop gros.

— Et croyez-vous, monsieur Jean, que je n'en commette pas, des péchés, moi, et des péchés plus gros que les vôtres ! gémit la femme de Ramel... Pensez que je vis dans une auberge, au milieu des mauvais exemples... Eh bien, quand je me sens trop chargée, je viens ici, je me prosterne, je passe un quart d'heure au confessionnal, et je rentre en notre enfer du *Feu-Grisou* légère, contente, purifiée par la grâce de Dieu.

— Heureuse Catherine !

— Tenez, monsieur Jean, regardez cet oisillon

qui s'amuse, me dit-elle, me retenant par la manche de ma veste au moment où j'allais m'échapper.

— Un oisillon ?
— Regardez-le, je vous en prie.

Les taillis de châtaigniers sauvages, qui embroussaillent ce versant du Jougla, poussent leurs jets vigoureux jusqu'à l'entrée des ruelles de Graissessac. De ce côté-ci de la montagne, les grands arbres sont plus rares que de l'autre côté, mais partout les pieds se heurtent à des souches robustes hérissées de surgeons gras, luisants de santé, d'une magnifique venue. Un peu au-dessus de l'église, un ruisselet entretenant là une humidité favorable, la *brouto* a acquis un développement extraordinaire, et il ne faudrait pas un grand effort d'imagination pour se croire à l'entrée d'une forêt. Ce coin fort pittoresque était, à l'époque dont je parle, la propriété de la cure, et je me souvenais fort bien qu'à la Pentecôte dernière, étant à Graissessac pour me confesser comme aujourd'hui et le respectable M. Matheron n'ayant pas répondu à mon coup de cloche, sur le conseil de sa gouvernante, Antonine Rigal, j'étais venu le relancer dans ce petit bois, où je l'avais trouvé benoîtement endormi sur un banc, son bréviaire étalé parmi le gazon. Pauvre saint homme !...

— Vous le voyez, cet oisillon? insista Catherine Ramel, qui ne me lâchait pas.

En effet, un verdier, mais un verdier énorme, comme je n'en avais jamais pris à mes pièges de Bataillo, s'amusait dans le ruisseau perdu de la cure de Graissessac. Son jeu, qui me captiva tout de suite, consistait à se maintenir par un battement d'ailes imperceptible au-dessus du courant obstrué de feuilles mortes, de toute espèce de brindilles, à y pratiquer un trou d'un coup de griffe et à s'engouffrer dans ce trou de tête en queue, complètement. Catherine avait surpris le verdier à la minute où, s'élevant après son bain, il apparaissait dans un rayon de soleil et se montrait en toute la richesse de ses couleurs. De son plumage olivâtre, brillant de perles irisées, pleuvaient de splendides traînées de diamants. Moi, j'étais tombé en arrêt : j'admirais le verdier se précipitant par les gracieux mouvements d'un vol court, serré, dans une eau qui devait charrier plus d'une aiguille de glace, et je ne songeais plus à fuir.

— Voilà, monsieur Jean, comment vous serez après votre confession, recommença Catherine Ramel. Vous serez net et beau comme cet oisillon des châtaigneraies.

— Si je le croyais !

— Je vous l'assure... Mais d'abord, avant

d'aborder M. le curé Matheron, qui représente le bon Dieu en personne quand il est assis sur la planchette du confessionnal, il est indispensable que je vous nettoie un brin. Comment avez-vous fait pour vous salir à ce point? Vous êtes plus noir qu'un mineur sortant de sa galerie. Venez !

En me débitant ces longues phrases d'un ton obséquieux, Catherine m'avait retiré des mains le mouchoir dont j'essuyais mes yeux ruisselant devant la sainte Vierge et me battait les habits comme elle eût pu le faire avec les lanières d'un martinet. J'étais abasourdi, et ne sonnais mot dans le nuage de poussière qui m'enveloppait de la tête aux pieds.

— A la figure, maintenant! me dit-elle.

Je la suivis jusqu'au taillis. Hélas! le verdier, importuné par notre présence, avait tiré vers le Jougla. Je l'entrevis, se frayant un chemin parmi les branchettes entre-croisées, les évitant avec une adresse merveilleuse. Je ne saurais exprimer l'éclat de ses ailes sous bois : les raies blanches qui les décorent avaient, de seconde en seconde, les reflets de l'argent vif. Cela tenait à la lumière qu'il traversait sans doute.

« Oh! pensai-je, si le verdier chantait, s'il avait seulement un peu de voix, c'est moi qui le préférerais au chardonneret! »

Une impression assez vive et, ma foi, fort désagréable, m'arracha à ces réflexions : Catherine Ramel me lavait. Mais, me semblait-il, elle aurait pu y mettre moins de conscience et me frotter la peau avec plus de ménagements. Croyait-elle racler le cuir de Paulin Ramel, par exemple! Heureusement, nos mouchoirs du presbytère sortaient de chez M. Taïs, un mercier célèbre dans le pays, très achalandé à cause de la finesse de ses tissus inusables, et je pus supporter mon supplice sans crier.

— Vous voilà frais et brillant comme un sou neuf, me dit-elle.

Et, ayant tordu mon mouchoir à en exprimer la dernière goutte d'eau, elle s'éloigna de trois pas, l'étendit au soleil sur les broussailles d'un noisetier.

Tandis que Catherine Ramel, envoyée peut-être vers moi, comme les chiens de Graissessac, pour me rabattre vers le droit sentier que je désertais à toutes jambes, déployait avec des précautions infinies le lambeau de toile imbibé, je demeurais planté au bord du ruisselet de la cure, à l'endroit où tout à l'heure folâtrait le verdier, et, ne sachant mieux faire, me regardais dans le courant. J'aurais dû, puisque, moyennant tant d'eau fraîche répandue, je revenais à moi-même, j'aurais dû penser à rentrer vite dans l'église, à sonner la cloche, à me décharger du poids écrasant qui m'accablait. Pas le moins du monde. Je ne bougeais aucunement, cherchant à découvrir, en un endroit du ruisseau débarrassé des feuilles mortes par les pattes mignonnes du verdier, un autre visage à côté de mon visage, le minois déluré, espiègle, rieur, de Merlette, de Merlette gorgée de pâtisseries et de vin blanc de Maraussan. — Que voulez-vous? le lambeau de cristal, nettoyé à grand renfort d'ongles, d'ailes et de bec par l'oisillon du Jougla, m'avait remis sous les yeux la petite glace obscure du *Feu-Grisou*.

— Il faudra plus de cinq minutes pour que votre mouchoir soit sec, monsieur Jean, me glissa dans l'oreille Catherine Ramel; mais je le garderai pendant votre confession et vous le rendrai propre à votre sortie de l'église. Allez; vous me retrouverez ici.

« Allez! » C'était bon à dire. Mes pieds restaient rivés au sol et mes yeux au miroir du ruisseau. Je regardais, je regardais, je regardais... Cependant, je me sentis, à la longue, pénétré d'une telle honte à cette voix de Catherine, la voix du salut, que tout d'un coup, dans l'eau, ma face, injectée de je ne sais quelle flamme, m'apparut d'un rouge de brasier. Par exemple, j'étais bien le sou de cuivre neuf auquel m'avait comparé la femme de Ramel. Mon émotion fut un déchirement atroce ; je perdis toute assurance, et, comme Catherine, s'étant encore une fois emparée de la manche de ma veste, la tirait vigoureusement, j'engageai mes pas indécis dans ses pas fermes, assurés, et me trouvai à l'entrée du chœur de l'église de Graissessac. L'arc-doubleau déployait sa courbe au-dessus de moi. La corde de la cloche me frôlait les cheveux. J'en réponds, ils se dressèrent sur ma tête, mes cheveux, au contact glacé de cette corde, dont les mains des pénitents, des pénitentes de M. Alexandre Matheron avaient encrassé le bout.

— Sonnez donc! me dit Catherine.

— Oh! si vous saviez!...

— Vous avouerez tout à M. le curé...

— Je n'oserai jamais lui dire qu'au *Feu-Grisou*...

La Ramel, avec une résolution qui prenait sa source dans la profondeur de ses sentiments religieux, leva la main.

— *Tinn!* répondit la cloche.

— Mon Dieu, ayez pitié de moi! sanglotai-je, suffoqué par les larmes qui, du cœur, me remontaient aux yeux.

Un bruit de porte qui s'ouvre, puis se referme, retentit dans la sacristie, pièce étroite mettant en communication le presbytère avec l'église. Mon juge paraît.

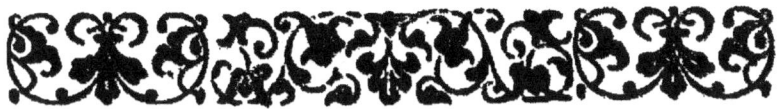

X

Mon oncle Fulcran était maigre et petit, chétif de toute sa personne; M. l'abbé Alexandre Matheron était maigre, lui aussi, mais d'une maigreur robuste en dépit de son âge déjà avancé, et sa taille dépassait de beaucoup la moyenne. Quand il entra dans l'église, balançant au bout des doigts une petite clef que je connaissais bien, il me sembla plus grand que M. Vincent Bassac, l'homme le plus grand de Camplong. Après avoir fléchi le genou devant le tabernacle, il s'en alla sans me regarder, s'acheminant vers la chapelle de la Vierge, au fond de laquelle luisaient les boiseries en vieux noyer du confessionnal. Arrivé là, il glissa la petite clef au trou de la serrure, et une porte, pleine dans le bas, grillagée de barreaux très espacés vers le haut, s'ouvrit. M. Matheron, dont mon œil curieux et froid suivait les mouvements un peu brusques, décrocha sa *ganache,* surplis en calicot, sans manches, la revêtit d'un tour de main et s'assit.

Cependant, je demeurais immobile sous l'arc-doubleau, la corde de la cloche frôlant toujours mes cheveux.

— Eh bien, Jean! cria d'un ton rude M. Alexandre Matheron.

Je m'élançai et tombai sur la margelle du confessionnal, la face collée au guichet derrière lequel j'apercevais mon directeur, l'oreille penchée vers moi. Le *Confiteor,* cette prière qui précède toute confession, eut quelque peine à sortir. Ma gorge épuisée, tarie, qui aurait eu déjà de la peine à articuler du français, estropia le latin, en mit chaque syllabe en charpie.

— Plus lentement, mon cher fils.

Oh! ce *Mon cher fils!* je ne l'oublierai de la vie. Ce ne fut pas la voix qui venait de me jeter ces mots : — « Eh bien, Jean! » — ce fut une autre voix, une voix comme je n'en avais entendu nulle part, plus douce que la voix de mon oncle, plus douce que la voix de n'importe quel oiseau du roc de Bataillo, où, en certains jours de folâtrerie adorable, j'entendais des ramages qui me faisaient oublier le retour à la maison, me retenaient par la campagne après la nuit faillie. Cela est triste à avouer, mais l'accent dont M. le curé de Graissessac prononça : *Mon cher fils !* me rappela un autre accent, celui de Merlette me disant : — « Monsieur Jean ! Oh ! monsieur Jean !... » — C'était la même modulation fine, aiguë, pénétrante, délicieuse. L'effet fut tel sur tous mes sens, qu'incontinent je me sentis ouvert d'outre en outre, et les aveux coulèrent de mes lèvres, à la file, sans effort, mouillés de larmes dont le sel, en trempant mes lèvres, les rendait plus faciles, plus abondantes, plus confiantes à ne rien omettre, à tout livrer.

Tout y passa, en effet, et la première rencontre dans le Jougla, et la glanerie avec son dénouement tragique, et le *Feu-Grisou,* et l'infâme Siebel, et la capette, et Paulin Ramel, et le maraussan, et les pâtisseries..., et les cinq francs, les fameux cinq francs !... M. Alexandre Matheron, — non, le bon Dieu, car le bon Dieu qu'il représentait était seul capable de trouver pareilles intonations, pareils murmurements, — M. Alexandre Matheron m'adressa de très menus reproches. Pas une fois il ne se mit en colère. Il m'invitait à écouter mon oncle, à lui obéir aveuglément, à ne faire que sa volonté. Pour Merlette, c'était une enfant que la grâce du ciel toucherait. J'eus beau, avec un courage héroïque, à deux reprises, revenir sur les cinq francs de la messe de la Sainte-Barbe, ses cinq francs à lui, il ne voulut pas remarquer mon insistance et se contenta de me dire :

— Il faut, mon enfant, demander pardon à Dieu de l'avoir si gravement offensé, la veille de la naissance de son divin Fils. Formez le bon propos de ne plus retomber en tentation, et revenez vous confesser à Pâques, dans quatre mois. Je pense qu'à cette époque il me sera permis de vous absoudre, ce que je ne saurais faire aujourd'hui. Allez en paix.

Le guichet se referma.

Le dénouement brusque de cette confession si redoutée me laissa en une surprise voisine de l'ahurissement. Malgré des occupations peu nombreuses, M. Alexandre Matheron, il était difficile de s'y méprendre, avait bâclé la besogne. Je lui en voulais de ne m'avoir pas retenu plus longtemps, de ne m'avoir pas un brin, — comment m'exprimer ? — de ne m'avoir pas un brin *dorloté* en Dieu, ainsi qu'il s'y était complu en des occasions moins décisives pour mon salut éternel.

Pourtant, à travers la mince cloison de bois qui nous séparait, j'entendais M. le curé de Graissessac murmurer, soupirer. Je me rendais compte de ses murmures, sachant, par une observation personnelle, qu'il avait l'habitude de réciter une courte prière après avoir siégé au tribunal de la Pénitence; mais soudain un coup sec retentit contre la planche de noyer. C'était un appel. Je me lève et me trouve devant la porte du confessionnal. M. Alexandre Matheron est en train de dépouiller la *ganache*, et ses coudes pointus heurtent les boiseries de droite et de gauche sans se gêner.

— Jean, me dit-il, après ton *Action de grâces*, tu viendras à la cure. J'ai un mot à te remettre pour ton oncle.

Il retraversa l'église, agitant toujours la clef du confessionnal, dont l'anneau ressemblait à une grosse bague brillante qu'il se serait passée au doigt.

Mon *Action de grâces!*... Je dois me rendre cette justice de déclarer que, reprosterné devant la sainte Vierge, quatre fois j'ouvris la bouche pour réciter l'oraison qu'après l'aveu de mes fautes je récitais sans broncher, et que ma bouche ne put proférer un son. Ma mémoire obscurcie me refusait tout. Non seulement pas une syllabe ne me revenait de cette touchante effusion de reconnaissance, composée par mon oncle en vue de mon avancement spirituel et que je redisais machinalement, sans presque y songer; mais il me fut même impossible de retrouver une parole du *Pater*, du *Pater* « que toute créature sait par cœur en « venant au monde, » comme le prétendait mon bon oncle, et dont il se vantait de démêler clairement les mots dans les vagissements des nouveau-nés. — « Pourquoi, disait-il un jour à M. Victor Beaumel, pourquoi Dieu, envoyant un être ici-bas pour y souffrir, n'aurait-il pas mis sur ses lèvres le *Pater*, comme une espérance sublime de retour vers la patrie? » — Eh bien, ce *Pater*, cette espérance sublime, tout cela était lettre morte pour moi, et je demeurais aux pieds de la sainte Vierge, de cette sainte Vierge à laquelle j'avais découvert quelque ressemblance avec ma mère, aussi insensible, aussi glacé d'âme, d'esprit, de corps, que la première pierre venue, roulée sous les pas de Verjus dans la descente du Jougla.

Mes yeux fixes et durs se détournèrent enfin de l'autel de la chapelle où ils étaient demeurés rivés, et s'enhardirent à travers l'église. Tiens! la porte de la sacristie que M. le curé avait laissée ouverte contre son habitude! Cette porte ouverte me préoccupa, et je puis dire que, par elle, s'éclairait peu à peu le demi-hébétement où j'étais tombé. Il me faudrait passer par cette porte pour aller trouver M. Matheron, qui m'attendait. Mais pourquoi aller trouver M. Matheron aujourd'hui, quand, autrefois, dès mon *Action de grâces* récitée, je reprenais le chemin de Camplong? Ah! c'est que, aujourd'hui, M. l'abbé Matheron avait à me charger d'une commission pour M. l'abbé Fulcran. — Quelle commission? — Une lettre. — Une lettre? — Oui, une lettre où mon directeur raconterait à mon oncle la longue série de mes fredaines, où il lui expliquerait les motifs qui l'ont déterminé à me refuser l'absolution.

Qui croirait que, dans le pêle-mêle de ces réflexions effarées, ma prière d'*Action de grâces* me revenait et que je sentais mes lèvres prêtes à la murmurer pieusement? Mais je ne leur permis pas ce *rafraîchissement*, si tant est, comme ne se lassait pas de le répéter mon oncle et comme l'a prétendu saint Thomas d'Aquin, que toute prière soit « un rafraîchissement, *dulce refrigerium*. »

Au moment où ma bouche ne demandait qu'à parler, je la contraignis au silence par une crispation furieuse des mâchoires, et, fier comme Artaban, — j'ignorais ce qu'était cet Artaban, mais un jour j'avais ouï mon oncle nous conter qu'il était sorti « fier comme Artaban » de je ne sais plus quelle Conférence chez son doyen cantonal, et ce nom d'*Artaban* m'avait beaucoup frappé, m'avait beaucoup plu, — et, fier comme Artaban, je m'élançai pour me sauver. Voyez la mauvaise chance : je soulevais la lourde cadole de la porte de l'église, quand je me sentis retenu au fond trop ample de mon pantalon, et si rudement, si âprement, que j'eus l'impression très nette d'une griffe de bête me meurtrissant les chairs, me les faisant saigner. Est-ce que, par hasard, l'énorme chien-loup ?... Pas le moins du monde ! C'était Antonine Rigal, la gouvernante de M. Alexandre Matheron.

— Jean, M. le curé m'a dit de venir te chercher, mâchonna la vieille sorcière.

— Ce n'est pas une raison pour m'emporter le morceau, je pense...

— Pourquoi t'en vas-tu en courant ?

— Moi, je courais ?

— Plus vite qu'un levraut du Jougla..... Viens !

Et ses mains ridées, noueuses, solides comme des crampons, ayant cette fois entrepris l'un des devants de ma veste, je dus la suivre à travers l'église, à travers la sacristie, jusque dans le salon de M. le curé de Graissessac.

M. le curé de Graissessac était là, courbé

sur une table, non loin de sa grille remplie à
souhait. Il ne demeurait pas loin de Brochin,
lui !

— Assieds-toi une minute, Jean, et chauffe-
toi les pieds, me dit-il.

Il est certain que, soit l'émotion, soit le froid,
je grelottais.

J'allongeai timidement mes jambes au feu.
Le respectable M. Matheron écrivait, mais il
s'arrêtait à toute minute. Une fois, il posa sa
plume d'oie derrière l'oreille et demeura un
moment recueilli, les yeux fixés sur une page
où trois lignes à peine étaient tracées. Quelle
plume d'oie magnifique, aux barbes bien
soyeuses, bien blanches ! Par exemple, le tuyau
de cette plume superbe était noir et fort encrassé d'encre desséchée. A chaque mouvement
de tête, les longs cheveux blancs de M. Alexandre Matheron, venant à frôler ce tuyau peu
soigné, en détachaient des écailles minces
comme des pellicules qui salissaient la feuille
de papier devant lui. M. le curé de Graissessac,
en proie à des préoccupations profondes, se
retournait de temps à autre vers moi et me
regardait avec une persistance, une curiosité
qui me faisaient mourir de peur. — Que me
voulait-il ? — Évidemment cette lettre était
destinée à mon oncle, ces trois lignes déjà
écrites préludaient au récit de mes aventures

avec Merlette. Mais si M. Matheron voulait raconter toute ma vie abominable d'aujourd'hui, trouvant si péniblement l'expression, combien d'heures lui faudrait-il ? La nuit serait venue quand je quitterais le presbytère. Et Merlette, et Verjus, qui m'attendaient à Brochin ? et mon oncle, et Prudence, qui devaient déjà m'attendre à Camplong ?...

Tout à coup M. le curé de Graissessac, ainsi qu'en avaient l'habitude certains vieux de la paroisse, principalement ce Joseph Lasserre, des Passettes, qui marchait sur ses quatre-vingt-sept ans, se mit à se parler à lui-même. Il tournait, retournait au bout de ses doigts sa belle plume d'oie, retirée de l'oreille, et la considérait avec une fixité étrange.

— J'ignore, murmura-t-il, n'ayant pas l'air de se douter de ma présence, j'ignore si j'ai jamais su l'orthographe; le fait est que je l'ai complètement oubliée. Pour les mots usuels, passe encore, bien que, l'autre jour, en enregistrant le baptême du petit Mothe, j'aie écrit enfant sans *t, enfan;* mais pour les mots peu usités, j'ai bien de la peine à m'en tirer. Par exemple, en ce moment, j'emploierais volontiers ce terme tout à fait charmant: *physionomie,* et je n'ose l'employer, faute de me souvenir s'il faut un *y* ou un *i...*

— Il faut un *y*, monsieur le curé, dis-je,

heureux, dans mon humilité actuelle, de faire montre d'un savoir dont on me tiendrait compte.

— Tu en es sûr, Jean ?
— Oui, monsieur le curé, j'en suis sûr.
— C'est égal, cherche dans mon *Vocabulaire*.

Et il me tendit un gros tome à demeure sur sa table, dont la reliure écornée, la tranche flétrie, les pages bavant sur les bords, annonçaient de longs services. Feuilletant journellement le *Dictionnaire des Commençants* pour mes thèmes, j'eus bientôt mis le doigt sur *Physionomie*.

— Vous voyez, monsieur le curé, vous voyez ! m'écriai-je triomphant.

Il me tapota la joue du bout des doigts, puis écrivit la jolie expression qui le charmait. Cela fait, non sans être revenu deux fois au Vocabulaire, il se replanta la plume à l'oreille, et, tenant attachés sur moi des yeux attendris :

— Je t'engage, mon enfant, me dit-il, à beaucoup écouter, à beaucoup respecter, à beaucoup aimer ton oncle Fulcran. Apprends que si ton oncle Fulcran l'eût voulu, il occuperait l'une des premières charges diocésaines. L'ennemi de ton oncle, c'est son humilité. Mais si sa place n'est pas grande ici-bas, elle sera grande là-haut... J'admire comme il t'instruit bien. Moi, j'aurais un neveu, que je serais à peine capable de lui montrer l'Alphabet. Il faut dire à ma décharge que j'entrai au grand séminaire vers 1803, quand on en rouvrait à peine les portes après la Révolution et qu'on manquait de professeurs instruits; tandis qu'il y entra vers 1820, quand les évêques avaient eu le temps de remettre toutes choses sur pied et que les capacités abondaient par la grâce de Dieu. Il résulte de là, entre l'abbé Matheron et l'abbé Fulcran, une différence au point de vue du savoir, — j'ajouterai de la vertu, — qui est toute à l'avantage de l'abbé Fulcran...

— O monsieur le curé, que vous êtes bon !... interrompis-je, touché à cet éloge inattendu de mon cher oncle.

Depuis cinq minutes, Antonine s'était insinuée dans le salon sur la pointe des orteils, et, ayant ouvert un buffet, en retirait une serviette, des assiettes, une bouteille. Soudain, un verre, heurté maladroitement, envoya dans l'air lourd de la salle une claire vibration de cristal.

— Finirez-vous, enfin, de rôder par là ! dit M. Matheron, se fâchant. Vous ne comprenez donc pas que vous me dérangez?

— Mais, monsieur le curé, voulez-vous que Jean retourne à Camplong la tripe vide? Il faut qu'il mange un morceau...

— Jean n'a besoin de rien... aujourd'hui.

Et, comme elle demeurait plantée.

— Allez-vous-en! allez-vous-en! lui répéta-t-il, tout à fait en colère cette fois.

Antonine décampa épouvantée. Je baissai mon front, rouge de honte au souvenir, qui me remontait amer et poignant, de ma débauche au *Feu-Grisou*.

Sa gouvernante partie, M. Alexandre Matheron se remit à écrire sans doute. Je dis sans doute, car, tenant la tête fort basse par le fait d'un embarras insurmontable, je ne le voyais pas écrire; j'entendais seulement le grattement de sa plume d'oie sur le papier.

Que cette lettre à mon oncle était longue! Mes peurs me reprenaient. Peut-être M. le curé de Graissessac, qui, au confessionnal, n'avait paru ajouter nulle importance aux cinq francs de la messe de la Sainte-Barbe, jugeant indigne du bon Dieu siégeant en personne au tribunal de la Pénitence de s'occuper de pareille misère, réclamait-il ses honoraires de messe, à présent? Tout d'un coup, comme si elle venait de rencontrer quelque obstacle, le bec de la plume eut un temps d'arrêt... Cependant, le respectable M. Matheron tenait la main ferme, et le bec grinça de nouveau. En vérité, pour un homme qui avouait ne pas savoir l'orthographe, il ne laissait guère chômer la besogne. Pas une fois, une seule petite fois, il ne rouvrit le dictionnaire, le *Vocabulaire*, pour employer son mot suranné. Bien plus, il lui arriva à maintes reprises de caresser la page étalée devant lui d'un regard satisfait qui m'était suspect. Cela éclatait aussi clair que le jour : M. le curé de Graissessac avait découvert la phrase habile qu'il cherchait pour formuler ses légitimes revendications auprès de M. le curé de Camplong. Une chose acheva de me convaincre : la façon heureuse, épanouie, dont M. Alexandre Matheron huma une prise de tabac. Quelle prise, quelle prise énorme ! Au lieu de pincer délicatement la poudre du fin bout des doigts, ainsi qu'en usait mon oncle ayant d'une simple pression de la main entr'ouvert sa tabatière d'argent, lui, fit sauter bruyamment le couvercle de la sienne, une pauvre *queue de rat* en écorce de cerisier, et enfonça le pouce et l'index jusqu'au fond. Aussi son nez, bien qu'il fût de belle taille, qu'il ressemblât au nez trop grand de saint Charles Borromée tel qu'on le représente dans la *Vie des Saints*, son nez n'eut garde d'absorber tout ce qu'on lui présentait : des grains de tabac plurent de toutes parts, s'arrêtant au rebord formé par le liséré en perles blanches du rabat, roulant sur la poitrine, où du reste certaines parties luisantes du drap noir dénonçaient d'anciennes roupies mal essuyées.

J'insiste un peu; mais, élevé dans une maison où le bras diligent de Prudence maintenait tout et tous en un état de propreté à faire crier miracle, je ne saurais dire à quel point me peinaient, me blessaient le désordre, la saleté où je voyais ici choses et gens. — A quoi donc pensait Antonine? A quoi donc Antonine employait-elle ses journées? — Pour fuir un spectacle qui leur devenait douloureux, mes yeux, offensés par la poussière blanchissant les meubles, rassasiés du spectacle de la soutane de M. le curé, élimée, rapiécée, tachée, prirent leur élan vers la fenêtre, en traversèrent les vitres obscures à force de crasse accumulée, et coururent au dehors.

Ma foi! la perspective n'avait rien de fort agréable: le toit d'une maison plus basse que le presbytère situé un peu en contre-haut, un toit à lourdes ardoises mal taillées, crevé de deux tuyaux de cheminées vomissant la fumée des clouteries dont j'entendais les marteaux. Mais voilà que mes regards, d'abord rebutés, s'accrochent à l'auvent de cette toiture grossière, primitive, et s'y complaisent positivement. Cet auvent est criblé de nids d'hirondelles. Oh! la bonne fortune pour moi au milieu de mes horribles angoisses! Les hirondelles ne sont plus là, l'hiver les a emportées par delà la mer de Cette ; mais il n'a pas emporté leurs nids, et rien n'exprimerait mon intime joie à voir ces nids, mieux bâtis que nos maisons, mieux abrités, plus doux à leurs habitants que tous les presbytères que je connais, même que celui de Saint-Étienne-de-Mursan, construit à grands frais par un architecte de Montpellier... — Quand reviendrez-vous, hirondelles, amies de mes récréations chez mon bon oncle Fulcran ? Quand vous retrouverai-je rasant l'eau vive de l'Espasé, la trouant des ailes et du bec avec des cris qui m'amusent, me font du bien ? — Et, d'elles-mêmes, mes lèvres balbutient cette strophe de M. Jean Reboul, le boulanger de Nîmes, un poète chrétien dont mon oncle m'a fait apprendre par cœur de nombreux morceaux :

> *Zéphyr, du souffle de son aile,*
> *A triomphé de nos frimas ;*
> *La terre de fleurs étincelle,*
> *Tout revient, et mon hirondelle*
> *Ne revient pas...*

La plume d'oie fait un bruit terrible et m'interrompt. M. le curé de Graissessac vient de signer, de parapher sa lettre à M. le curé de Camplong. De ma place je lis, en caractères plus nourris, plus longs que les autres :

« Alexandre Matheron, *curé*. » Et le paraphe, quel chef-d'œuvre de hardiesse, d'enchevêtrement, d'habileté ! Par exemple, si l'abbé Fulcran s'avisait jamais de vouloir lutter avec l'abbé Matheron sur le terrain du paraphe, il n'en faut pas douter, la palme resterait à M. Matheron.

— Enfin ! dit-il avec un soupir de soulagement.

XI

Le premier samedi de chaque mois, après le grand déjeuner, mon oncle et moi nous fabriquions les hosties destinées à fournir le saint-ciboire et à suffire à l'officiant pour la messe de chaque jour. Une étude patiente de ma nature, de mes aptitudes, de l'inspiration propre de mon esprit, ayant révélé que je n'étais pas indigne de lui venir en aide, mon oncle m'avait à la longue associé à la confection des hosties. La chose étant d'importance, elle n'avait pas eu lieu sans des débats pénibles avec lui-même, sans de poignantes, de cruelles hésitations.

— Jean, me dit-il enfin une après-midi, va chercher le moule.

Personne jamais, dans la maison, n'avait été autorisé à toucher au moule, enfermé au fond de la bibliothèque, plié, replié en une demi-douzaine de numéros du *Réveil catholique de Lyon,* et l'on devine si je volai ! — Ah ! le moule aux hosties ! — Mon oncle, marchant sous le dais à la procession de la Fête-Dieu, ne portait pas l'ostensoir rayonnant avec plus de respect, d'émotion, que je ne portai le moule aux hosties. Il était lourd, certes, le moule de la paroisse de Camplong, avec sa boîte en fer pour recevoir la pâte sans levain, ses manches également en fer pour presser cette pâte et faire les hosties comme on fait les gaufres ; mais, l'embrassant des deux mains, je n'en sentis pas le poids. Je ne me souviens pas bien si, dans mon enthousiasme, je n'appliquai pas mes lèvres sur la grosse vis enfumée qui retenait les deux montants. Je crois que si. On me comblait, et j'étais fou.

Avec quelles précautions délicates, minutieuses, mon oncle Fulcran, un tablier de grosse toile rousse noué autour de la taille, nettoyait l'appareil de bout en bout, surtout l'intérieur des deux palettes où était gravée, profond, en des ronds d'inégale grandeur, la quadruple image de Notre-Seigneur Jésus-Christ sur la croix. A l'autel seulement je le voyais user de pareils manèges quand, à la fin de la messe, il essuyait le calice ou promenait la patène sur le corporal. Un tas de chiffons s'y encrassait, s'y déchirait, au grand ennui de Prudence, laquelle, accroupie sur une escabelle non loin du feu, grondait par intervalles sourdement.

Du reste, lorsque mon oncle travaillait aux hosties, soit qu'en un tamis très serré de mailles il passât la fine fleur de froment, soit qu'en un plat de porcelaine très net il délayât la pâte, il devenait tout à coup intraitable pour sa gouvernante. Dans les circonstances ordinaires de la vie, Prudence lui commandait; dès qu'il s'agissait des choses intimes de son ministère si haut, il devenait irritable, farouche, presque dur.

— Vous n'êtes qu'une femme, lui dit-il un jour, comme la pauvre vieille insistait de nouveau pour être admise à prendre part à notre besogne.

— Et votre neveu n'est qu'un enfant, riposta-t-elle.

— Mon neveu est un homme... Laissez-nous.

Prudence ne nous laissait pas pour cela;

elle demeurait pelotonnée à quelques pas, souvent sur le perron du foyer, agressive, hargneuse, hérissée de tous ses poils comme une chatte à qui on aurait dérobé ses petits et qui, pour les récupérer, méditerait quelque jeu cruel des griffes ou des dents.

La grosse difficulté en ceci était de ne pas trop chauffer le moule, tenu à dix travers de doigt au-dessus d'un fagot de sarments très secs. Les sarments pétillaient, de belles langues de flamme léchaient le fer de l'instrument, le caressaient avec amour. Mon oncle, attentif, regardait.

— Petit, vite, une feuille du *Réveil!* me criait-il.

Le moule était à point pour cuire notre pâte. Je glissais entre ses lèvres brûlantes un fragment du *Réveil catholique de Lyon,* et mon oncle pressait les montants. Si le papier fumait, roussissait, on recouvrait le feu trop vif, et l'on attendait deux minutes. Oh ! après cette attente, quelles hosties magnifiques, blanches comme le corporal, festonnées comme les dentelles de l'autel ! C'était moi qui versais une cuillerée de pâte sur la palette inférieure, à l'endroit même où, au-dessus de la tête du divin Sauveur, était gravé ce simple mot : INRI ; et c'était mon oncle qui d'un mouvement sec rabattait les deux fers l'un contre l'autre, vivement. Quel bruit rendait l'instrument ! Je préférais cette note unique à toutes les notes de l'accordéon de mon oncle, encore que mon oncle jouât très convenablement de l'accordéon.

Au fur et à mesure qu'elles sortaient du moule, les hosties, chaudes, un peu crépitantes, étaient couchées sur un linge de pur lin emprunté pour la circonstance au vestiaire de la sacristie. Aujourd'hui, après de bien longues années, loin du si cher pays natal, dans ce Paris cruel qui fait tant oublier, je me surprends encore au pauvre presbytère de Camplong, déposant sur une table les hosties toutes neuves ; le tremblement de mes mains, le respect de mon attitude, le saisissement religieux où me mettait une occupation supérieure, me reviennent en mémoire, et je me sens traversé par une émotion très profonde et très douce. Je me rappelle aussi quelques mots de mon oncle dont le sens ne s'est découvert à moi qu'à la longue. Toutes les fois qu'il lui arrivait de me mêler à sa vie morale, soit par des lectures, soit par le récit de ses impressions sur tel ou tel événement en apparence insignifiant de la paroisse, soit par des besognes se rapportant à ses fonctions sacrées, il avait l'habitude de me répéter :

— Jean, ne t'embarrasse pas de comprendre

maintenant, tu comprendras un jour, et ce jour-là tu remercieras ton oncle qui, lorsque tu étais enfant, travaillait à ennoblir toute ta vie.

La pâte épuisée, Prudence, sur un signe de M. le curé, ouvrait la porte du presbytère. Le moule, baveux, était étalé sur le seuil à l'air extérieur, pour refroidir. Alors, commençait une opération fort délicate, la plus délicate de toutes les opérations accomplies jusqu'à présent : il s'agissait de découper les hosties.

— Prudence, ordonnait mon oncle, apportez-moi mes ciseaux de la foire de Beaucaire.

En 1843, la foire de Beaucaire, si délaissée depuis, était en grande vogue dans nos contrées méridionales, et mon oncle, appelé l'année d'avant à Montpellier pour les affaires de sa paroisse, avait cédé à l'envie d'aller voir cette *curiosité*. En outre de toute espèce de menus objets, découverts à très bon compte dans cet immense bazar d'un caractère asiatique : images de saints et de saintes enchâssées en des lamelles de cuivre à la façon byzantine, burettes en verres de couleurs niellées de dessins bizarres, petites lampes moresques à pendeloques de laiton, il avait rapporté de Beaucaire une paire de ciseaux minces et longs, légèrement infléchis au bout. Je me souviens de sa joie quand, les ayant avec précaution retirés d'une gaine en cuir vert pailleté d'or, il nous les montra en disant :

— Je les ai achetés pour tailler les hosties ; je n'entends pas qu'ils servent à autre chose.

Mais, je le répète, tailler les hosties était besogne peu aisée. La plaquette mince retirée du moule offrait quatre hosties ; deux grandes pour l'officiant, deux petites pour les personnes pieuses qui, au moment le plus solennel de la messe, venaient se prosterner devant la sainte table pour recevoir la communion. Il fallait détacher grandes et petites hosties en suivant la ligne de séparation marquée par l'appareil, et ne pas plus s'exposer à faire craquer la feuille de pain azyme, très susceptible de se fendre au sortir du feu, qu'à entamer les figurines de Jésus-Christ sur la croix, figurines obtenues par un boursouflement de la pâte, mince comme une pellicule et capable de crever au moindre coup.

Mon oncle se jouait de tant et tant de difficultés. Certes, les ciseaux de Beaucaire, finement recourbés, le servaient à merveille ; mais l'esprit qui conduisait ces ciseaux étonnants, faits exprès, que doit-on en penser? Dans son enfance, — j'ai oublié à la suite de quel accident, — mon oncle avait eu l'annulaire de la main droite foulé, et l'ankylose en avait raidi, immobilisé la phalange supérieure. Eh bien, malgré cette gêne qui leur créait un obstacle de plus, les ciseaux de Beaucaire contournaient habilement, contournaient toujours, et l'hostie, découpée comme à l'emporte-pièce, tombait sur la serviette doucement. Avec quelle piété, quelle suprême délicatesse des doigts, mon oncle rangeait les feuilles de pain azyme dans notre boîte de fer-blanc, fourbie par lui, aussi blanche que le calice en argent de l'autel !

— Jean, me disait-il, ce long travail achevé, pour te récompenser je te fais cadeau des morceaux que je ne puis utiliser pour l'église. Tu arrondiras ces débris et nous les userons comme pains à cacheter. Je te recommande seulement de ne pas te servir de mes ciseaux de la foire de Beaucaire. Prudence te prêtera les siens.

Après ces détails, dont le souvenir touchant m'a été délicieux à évoquer, on comprend quelle dut être ma surprise lorsque, ayant plié sa lettre avec un soin minutieux, — et ce fut une affaire compliquée, les enveloppes n'ayant pas encore fait leur apparition dans nos montagnes reculées en 1843, — M. Alexandre Matheron ouvrit une boîte en carton et en retira un fragment d'hostie. Dieu! que nous étions loin, à Graissessac, de notre coffret de Camplong, fermant juste, étincelant comme une pièce d'orfèvrerie! Hé quoi! c'était en ce récipient grossier, sale, suant la misère par ses quatre coins déchirés, s'en allant en filasse, que le respectable M. Matheron conservait le pain azyme destiné au service de l'autel, le pain azyme destiné à devenir, par le miracle de la Consécration, le corps et le sang de Notre-Seigneur Jésus-Christ! Encore si les hosties que j'aperçus au fond de ce cartonnage effondré avaient eu cet aspect propre, appétissant, de nos hosties! si leur blancheur avait été égale à la blancheur des nôtres! Mais, soit que, pour les confectionner, M. Alexandre Matheron n'eût pas employé la fleur la plus pure du plus pur froment, soit qu'en ayant fabriqué une trop grande quantité, les dernières à la longue se trouvassent ternies par la poussière très subtile de la houille en suspension dans l'air du pays, plusieurs apparaissaient jaunes, presque noires. Et puis, avec quelle incroyable négligence on les avait découpées! La plupart offraient des bords déchiquetés, tailladés, et plus d'une fois les ciseaux maladroits de M. Matheron, sans nulle préoccupation du dessin marqué dans la pâte, avaient taillé droit brutalement. Je ne dirai rien des résidus de toute forme — pointus, carrés, triangulaires — encombrant la boîte. Toutefois, devant ce pêle-mêle, ce désordre peu respectueux, je ne pus m'empêcher de penser aux jolis pains à cacheter que je retirais, moi, des mêmes résidus, des pains à cacheter à rendre, pour la rondeur, des points à ceux d'Isidore Siebel.

M. le curé de Graissessac présenta un morceau d'hostie à ses lèvres et, l'ayant glissé dans le pli du papier ménagé pour le recevoir, donna sur le paquet un coup de poing qui fit trembler la table, manqua de renverser l'encrier. Quelle force pour un homme de soixante ans et plus ! Tout de même, je jugeai cette façon de cacheter les lettres un peu primitive, ne l'ayant jamais vu pratiquer par mon oncle, qui, à cet usage, avait un cachet de cuivre orné de ses initiales F. F., et j'en voulus à mon directeur spirituel de me montrer des habitudes l'assimilant trop au premier paysan venu.

— Comme tu pourrais perdre cette lettre, je vais y mettre l'adresse, me dit-il.

Et me regardant :

— Faut-il ?

— Certainement, monsieur le curé, certainement.

Il aurait désiré m'entendre lui répondre : —

« C'est inutile, » — car ça l'ennuyait d'écrire; mais je fis exprès d'être affirmatif, pour le punir de si peu ressembler en toutes choses à mon cher oncle Fulcran.

Il ânonna trois ou quatre fois chaque mot :

A Monsieur

Monsieur l'abbé Fulcran,

Curé de la paroisse de Camplong,

A Camplong.

Par Bédarieux.

(Département de l'Hérault.)

— C'est fini, dit-il.

Il me remit la lettre après l'avoir saupoudrée d'une pincée de cendre mêlée de charbon, — nous possédions, nous autres, un sablier de buis plein de poudre bleue, dont j'aimais à déboucher les trous avec une épingle, — et m'accompagna vers la porte. Au moment où nous frôlions le buffet :

— Si pourtant il pouvait te convenir de manger un morceau ? me dit-il.

— Merci, monsieur le curé.

Il m'embrassa affectueusement, selon son habitude quand je le quittais, car il ne m'embrassait jamais à mon arrivée, et je me trouvai dans la rue, au milieu de Graissessac.

Les cloutiers étaient rentrés dans les forges et les chiens dans les tambours. Le désert partout dans le village. En arrivant aux environs de la maison de M. Mothe, un ouvrier armé d'un fouet à longe noueuse rabattait vers sa clouterie un doguin qui se rendait, la queue serrée, montrant les dents.

— Veux-tu marcher, *Taquet,* et sauter rondement dans ta roue ! lui criait-on.

Comme si je n'avais pas à songer à autre chose, je m'intéressai à Taquet, en qui son museau singulièrement court, comme coupé à la hache, me fit reconnaître un des chiens qui, deux heures auparavant, me mordillaient le bas du pantalon.

— Ne le maltraitez pas, je vous en supplie, dis-je, apitoyé.

Mais l'homme le cingla d'un coup terrible, et la pauvre bête, avec un cri, s'élança dans son tambour, qui vira comme le vent.

— Affreux cloutier, si j'avais les dents de Taquet, avec quel plaisir je te les planterais dans la chair ! grommelai-je, m'éloignant.

Tant de brutalité m'avait révolté au point

qu'arrivé au ruisselet qui, du Jougla, se précipite vers le fond de la vallée dans le Clédou, je franchis les passerelles à fleur d'eau sans les voir, presque sans les toucher. Un souffle vibrant de colère m'enlevait, et non seulement loin de ce cloutier féroce, mais loin aussi de M. Alexandre Matheron, qui, non moins féroce que le maître de Taquet, m'avait glissé dans la poche une lettre..., oh ! une lettre !...

Au fait, que contenait-elle, cette fameuse lettre, dont on avait cherché les mots dans le *Vocabulaire,* qui avait coûté plus d'une heure de sueurs à M. le curé de Graissessac ? Je n'en pouvais douter, je portais à mon oncle Fulcran mon acte d'accusation. Comment admettre que ce vieux M. Alexandre Matheron, plus avare que la fourmi de La Fontaine, — la saleté de sa soutane, la pauvreté de son mobilier, sans parler des misérables morceaux de carton où il osait enfermer ses hosties, témoignaient hautement de son avarice, — comment admettre que ce vieux M. Alexandre Matheron n'eût pas rapporté à son confrère de Camplong l'aventure où avaient été dissipés les cinq francs de la messe de la sainte Barbe, patronne des mineurs? Ce grigou préférait une bonne dénonciation à la perte d'un écu. A la pensée des réprimandes dont j'étais menacé, ma main, acharnée à retenir la lettre au fond de la poche de mon pantalon, la serra, la comprima, faillit la déchirer. Je demeurai planté, confondu de mon audace, le cœur battant d'une peur qui m'étouffait. Je retirai la lettre avec précaution. Elle n'était point trop endommagée : un froissement par-ci, par-là, aux angles particulièrement, et c'était tout. J'allais enfouir ma précieuse missive en sa cachette, prenant mon parti de la situation, quand mes doigts, qui n'avaient cessé de tourmenter le papier de M. Matheron, plus mince que celui de M. l'abbé Philibert Tulipier, en fourrageant une dernière fois dans le pli cacheté au pain azyme, sans que ma volonté y fût pour rien, le descellèrent brusquement.

— Ah! mon Dieu! soupirai-je, recevant l'impression d'un malheur, d'un grand malheur.

Et, comme les jambes ne me soutenaient plus, je m'arrêtai contre une haute borne de pierre de taille, à l'entrée d'un portail ouvert à deux battants. Un instant je me trouvai bien, respirant à plaisir après avoir senti l'air me manquer. Tout à coup, une voix rude m'interpella.

— Que tardez-vous ici, monsieur le neveu? Vous ne voyez donc pas que la nuit arrive? Il y a beau temps que Merlette doit avoir chargé Verjus, à Brochin.

C'était Paulin Ramel, et la muraille où j'étais appuyé était la muraille du *Feu-Grisou*. Je laisse à penser si je détalai, fuyant cet homme exécrable qui m'avait tenté, cette maison maudite où je m'étais perdu.

XII

Encore que la montée du *Feu-Grisou* à Brochin ne soit pas bien raide, je ralentis bientôt le pas. Non plus que Verjus, emporté le matin dans les châtaigneraies du Jougla et dont j'avais accusé les poumons, je n'étais fait, moi, pour fournir de longues courses à bride abattue. Je m'arrêtai. Par bonheur, la route des mines, généralement encombrée de lourdes charrettes criardes, de charretiers claquant du fouet et de la langue, se trouvait déserte. J'eusse été si honteux que quelqu'un me découvrît en pareille détresse ! Remis de mes émotions après cinq minutes de halte, je promenai les yeux autour de moi. A droite, le treuil de la mine d'*Eugène,* descendant à fleur de rocher des wagons chargés de houille, ne va plus, et, à travers les sentiers de la montagne des Nières, je distingue les ouvriers qui gagnent par bandes leur endroit. — Le travail est donc fini ? — Mes regards, d'un vol, se portent à gauche vers les pentes du Jougla. Là aussi les mineurs apparaissent en nombre, se dirigeant vers notre paroisse, vers Camplong, où je devrais être rendu depuis longtemps.

Ce souvenir du presbytère, du gîte chaud et mollet, me rappela la fête de Noël. Évidemment, ces gens des Nières, de Saint-Étienne-de-Mursan, d'Estréchoux, de Camplong, avaient commencé leur journée avant l'aube pour être libres de rentrer plus tôt. Il fallait bien se préparer, par un bout de toilette, à célébrer la Grande Naissance. Je réfléchis que parmi ces hommes, ces enfants gravissant le Jougla, sac au dos, plus d'un avait quitté de bonne heure sa galerie souterraine pour aller se prosterner aux pieds ou de mon oncle Fulcran, ou de M. Alexandre Matheron, ou de M. Victor Beaumel, recevoir l'absolution de ses fautes et communier à la messe de minuit. Mes prunelles se brouillèrent, et, dans la campagne obscurcie, je ne vis plus rien que la nuit qui tombait, tombait, et allait bientôt tout effacer devant moi.

Je me repris à marcher; mais mes jambes alourdies ne dévoraient pas l'espace, je vous le jure. Je doublai pourtant le dernier détour du chemin. Brochin m'apparut avec ses énormes éboulements de charbon s'avançant en noirs monticules dans les champs voisins, éparpillant des blocs, projetant des rocailles crues parmi les luzernières qu'ils foulent, parmi les vignes dont les ceps craquent, se brisent, sont engloutis. Je cherche Merlette. Je ne la découvre pas. Si j'apercevais Verjus, au moins! Mon œil a beau fouiller, pas plus de Verjus que sur la main. — Pourvu que cette gamine de Virginie Merle, pour me faire pièce, ne soit pas partie avec le mulet de M. le maire? — Non, elle n'est pas capable de cette méchanceté. Tout de même je me hâte vers la mine, je me hâte comme si je devais arriver à temps pour empêcher Merlette de me jouer un tour qui, à lui seul, dépasserait tous les autres. Il est clair que si mon oncle voyait arriver Verjus sans moi, il devinerait tout, et je n'aurais qu'à nouer mon paquet pour rentrer chez mes parents, à Bédarieux.

Brochin était abandonné. Par-ci par-là, des ravines creusées entre les amoncellements de la houille, une charrette avec sa charge se dégageait vaguement ; par-ci par-là, un mineur se montrait parmi les tas, sa lampe éteinte à la main. Le chantier, retentissant ce matin du grincement des wagonnets, des chansons des enfants poussant *les chiens,* du martellement sur les enclumes où l'on bat le fer pour les réparations d'un matériel immense, le chantier, après tous les cris, toutes les agitations, tous les efforts de travail, entrait dans l'apaisement, dans le repos. Le seul bruit était celui des eaux s'épanchant de l'intérieur des mines, par-dessous les portes à claire-voie des galeries fermées, et se répandant au hasard. Je vaguai longtemps en haut, en bas, les yeux et l'esprit à Merlette, à Verjus disparus, envolés. Trois fois, je les appelai. Mais, ainsi que dans le Jougla quand j'appelais cette fille de Virginie, personne ne me répondit. L'épouvante me gagnait, et d'autant plus qu'ayant porté mes regards au ciel, comme j'étais coutumier de le faire en n'importe quelle détresse, j'aperçus une petite lune mince, blanche, recourbée, — la faucille de Prudence, — qui ne me disait rien de bon. Alors, la nuit était venue, complètement venue ? Parbleu ! elle était si bien venue, la nuit, que, si j'entendais leur fracas, je ne distinguais plus la couleur noire des ruisseaux fuyant par les quatre ouvertures de Brochin.

— Merlette ! Merlette ! m'égosillai-je une dernière fois.

Rien, rien.

— Verjus ! Verjus ! lançai-je de tout le demeurant de mes forces.

Bonté divine ! Verjus me répond. Oui, c'est le même hennissement joyeux qu'au bord du ruisseau de Graissessac, dans le Jougla. Je cours, je vole vers cette voix qui a reconnu la mienne. Malheureusement, l'obscurité augmente à chaque seconde et j'ai bien de la peine à trouver mon chemin parmi des flaques d'eau, sur un sol détrempé, quelquefois montueux, toujours bouleversé.

— Verjus ! Verjus !

Je ne cesse de répéter ce nom, je m'épuise à le redire, à le crier, car perdre la piste de Verjus, c'est m'exposer à m'égarer, et, que sait-on ? à périr ici. Mais la bête de M. Vincent Bassac m'envoie sans fin les clairs élans de son gosier. Verjus fait claquer ses sabots dans une mare, et un paquet de boue me frappe au visage comme un soufflet. Heureux soufflet ! Je suis content. Je ne songe pas le moins du monde à m'essuyer, et, projetant une main, je saisis la bride de ma monture retrouvée.

Jamais de la vie chose plus extraordinaire : Verjus est seul, il est chargé. Et Merlette ?

Nulle trace de cette créature de Virginie et de Benoît Merle. Pourtant, par-dessus le charbon qui écrase *mon* Verjus, — je le sens tout à fait *mien* à présent, — à la lueur de cette lune fine comme un fil, je démêle le sac à glaner empli de châtaignes. Merlette n'est pas loin. J'attends quelques minutes, je ne sais combien de minutes bien longues, la bride de ma bête passée au bras. Si cette fille tarde encore, je pars. Bien que la nuit soit faillie au complet, qu'il fasse très froid, le ciel est garni d'étoiles jusqu'aux bords et je démêlerai mon chemin. Je me sens un courage de lion pour traverser le Jougla tout seul; car, afin d'arriver plus vite, je négligerai la grande route et reprendrai par le raccourci. Presque à mon insu, je tire la bride, et, Verjus posant ses pas dans les miens, nous décampons.

« O lune, bonne lune du ciel, ô étoiles, bonnes étoiles du ciel, merci de votre complaisance à nous aider ! Verjus et moi, nous y voyons clair, très clair. O lune, ô étoiles, merci de votre complaisance de tout notre cœur ! »

Nous laissons les mares d'eau bourbeuse et enfilons un passage très sec entre deux hangars en planches, vastes antichambres des mines où les ouvriers dépouillent leurs habits de jour pour revêtir leur costume de travail. Là, comme partout, le silence. Mais voilà Verjus qui, la tête en avant, flaire à la porte de l'un des hangars en passant.

— Viens donc ! lui dis-je.

Il ne vient pas. Il s'entête et fait si bien de sa grosse lèvre supérieure introduite entre les battants d'une porte, que les battants s'entrebâillent. Oh ! alors, quel cri violent s'élance de la gorge serrée du mulet de M. Bassac, ébranle la sérénité de la nuit ! Au même instant, dans les profondeurs de cette grange ouverte miraculeusement par ma bête et où ma petite lune pointue se glisse, parmi toute espèce de loques suspendues qui s'égouttent immobiles, mon œil débrouille deux êtres vivants qui s'agitent, se démènent, courent, se séparent, se retrouvent, se saisissent...

— Vous n'avez pas honte !...

Quelqu'un passe devant moi, détalant plus vite qu'un lièvre frisé par la décharge au roc de Bataillo, et je me trouve nez à nez avec Merlette, dépeignée, dépoitraillée, le visage en feu, dans un désordre de sa personne à faire croire qu'elle a roulé dans quelque galerie de Brochin et que chacun l'a piétinée en sortant.

— Bénédiction du ciel ! que t'est-il arrivé ? lui dis-je, la retenant par la main, car peut-être allait-elle m'échapper de nouveau.

— Rien, monsieur Jean, rien...
— Que faisais-tu, dans ce hangar ?
— Je m'amusais...
— Et avec qui t'amusais-tu ?
— Je ne sais pas...
— Menteuse, tu ne sais pas avec qui tu t'amusais ?
— Vous le diriez à M. le curé...
— Alors, c'est avec Galibert ?
— Il était remonté au Jougla pour la surveillance du séchoir des Bassac, puis il a donné un coup de jambe jusqu'à Brochin.
— On lui avait donc conté que tu y étais, à Brochin ?
— Il l'a bien deviné tout seul, quand il ne m'a pas trouvée aux bergeries, dont je suis coutumière toutes les fois que je puis me sauver de la maison.
— Ce Galibert est un mauvais sujet, et mon oncle avait bien raison de le menacer...
— M. le curé l'a menacé ?
— De le faire renvoyer de chez les Bassac, s'il continuait à te poursuivre par le Jougla.
— Et si je veux qu'il me poursuive par le Jougla !
— C'est très mal de poursuivre les filles...
— Mais non, monsieur Jean, mais non, ce n'est pas très mal. Moi, je ne trouve rien de plus plaisant que d'être poursuivie...

Sur ces dernières paroles de Merlette, la grosse cloche de M. Alexandre Matheron se mit à rouler son battant au fond de la vallée de Graissessac. En gravissant, sur les traces de Verjus, la rude montée, nous ne trouvions plus un mot. Les belles volées de Noël tombaient sur nous pareilles à des reproches, et nous en demeurions interdits.

J'ignore ce que pouvait bien éprouver cette fille de Virginie Merle à cette voix énorme célébrant la Grande Naissance; pour moi, j'allais ébahi, dans une sorte de bouleversement douloureux. Le cœur déchiré par le remords, l'imagination exaltée par les approches d'une fête splendide, à laquelle mes égarements ne me permettaient de prendre aucune part, j'avais beaucoup de peine à avancer. Ah! la cloche fondue à Marseille, quels coups! Ces claires ondes sonores, projetées vivement, se répandaient dans la campagne tranquille comme des chants venus du ciel entr'ouvert pour laisser passer le Sauveur. Du reste, jamais firmament plus beau. De temps à autre, ne tenant plus à mes souffrances intimes, j'arrêtais les yeux sur l'azur profond, criblé d'étoiles à poignées. Assurément, Dieu avait allumé tous ses astres en cette nuit unique, afin de permettre à chacun de découvrir le chemin de l'église où il adorerait, où il communierait...

Communier ! Moi, je ne communierais point. Depuis ma première communion, je n'avais jamais manqué de « m'approcher de la sainte table » à Noël, et cette année on ne me verrait pas, les mains jointes, prosterné devant mon oncle me tendant l'hostie et murmurant plus affectueusement pour moi que pour un autre : — « *Corpus Domini nostri Jesu-Christi...* » Quel scandale ! Si encore, sous cette lune resplendissante comme un soleil, sous ces myriades d'étoiles d'or pressées les unes contre les autres, jalouses d'éclairer la route des bergers vers notre église, nouvelle étable de Bethléem, si dans cette atmosphère calme et pure, imprégnée d'une sorte d'éclat divin, j'étais parvenu à démêler les vrais motifs de ma chute, aussi profonde que celle de Lucifer précipité aux abîmes !... Je me souvenais d'avoir lutté en plein Jougla avec une petite fille qui m'était apparue, de l'avoir repoussée d'abord à la laisser pour morte, puis de m'être abandonné à elle, ayant perdu, à la musique de ses paroles, plus enivrantes que le frontignan de mon oncle, à ses mines d'un charme indéfinissable, à ses airs plus ravissants, plus aisés que les airs de n'importe quel oiseau ramageant sur une branche, ayant perdu ma volonté, mon cœur, la dernière miette de moi-même...

— Oui, c'est toi, toi seule, qui m'as fait

l'affreux polisson que je suis ! dis-je à Merlette avec une explosion de rage.

— Voulez-vous que je vous chante une chanson bien jolie, monsieur Jean ? me demanda-t-elle d'un ton paisible, détaché.

— Si tu veux un soufflet, qui sera plus joli que ta chanson, tu n'as qu'à commencer.

— Vrai, vous me souffletteriez si je chantais, monsieur Jean ?

— Commence, et je te promets...

Alors, elle, de sa voix hardie :

> — *Je suis la pastoure*
> *Sans amour...*

— Tiens ! m'écriai-je, exaspéré.

Et la gifle la plus magnifique lui fit rentrer dans la gorge la suite du verset prêt à s'en échapper.

— C'est la *Complainte de Baptiste, du Mas-Blanc*, dit-elle, insensible à l'attaque.

Puis, continuant comme si de rien n'était :

> *Qui crie et pleure*
> *Tout le jour.*

Je levai la main de nouveau ; mais elle me la saisit à la volée et m'y appliqua ses lèvres avec fureur. Voulait-elle me mordre ? Je ne le pense pas, car, tandis que ses dents me mâchonnaient la peau, j'entendais de petits éclats de rire qu'elle ne pouvait retenir. Du reste, pour dire vrai, je n'étais pas autrement effrayé de sa morsure que si une grive, prise à mes trébuchets et retirée encore vivante de dessous le piège, m'avait piqué de son bec.

— Voyons, Merlette, voyons,... lui murmurai-je, calmé.

— Je vais vous la chanter toute, ma *Complainte*.

— J'aimerais mieux un noël.

— Non, non ! la *Complainte de Baptiste, du Mas-Blanc !*

S'élançant à la crête d'une rocaille, ainsi qu'une linotte se percherait sur la plus haute branche d'un amandier pour être entendue de plus loin, cette fille de Virginie Merle, douée de plus de mémoire pour les chansons que pour les cantiques, couplet à couplet, chanta la *Complainte de Baptiste, du Mas-Blanc*, que je n'ai pu oublier depuis et que je reproduis ici comme un échantillon de la poésie populaire aux monts d'Orb :

Je suis la pastoure
Sans amour
Qui crie et pleure
Tout le jour.

J'aime Baptiste,
Du Mas-Blanc,
Et suis bien triste
Sans galant.

Quand à l'armée
Il est parti,
Notre embrassement
A fini.

Monsieur le maire
Du pays
M'a conté qu'il était
A Paris.

Belle alouette,
Si, pour aujourd'hui,
Ton aile fine,
Moi, je l'avais,

Sans crier gare,
Loin du sol,
Je partirais tout de suite
D'un seul vol.

Mais je suis fillette,
Pas oiseau,
Je ne vais guère
Dans le ciel.

Pauvre pastoure
Sans amour,
Va, crie et pleure
Tout le jour ! *

---

* Pour ceux de nos lecteurs qui entendraient le langage languedocien, nous reproduisons le texte même de cette *Complainte* :

Sioi la pastouro
Sans amour
Qué crido é plouro
Tout lou jour.

Mais si, moi, je demeurais ébahi, écoutant Merlette, confondant sa voix, qui chantait des

>   *Aïmi Batisto,*
>   *D'el Mas-Blan,*
>   *Et siot pla tristo*
>   *Sans galan.*
>
>   *Quand à l'armado*
>   *Es partit,*
>   *Nostro ambrassado*
>   *O finit.*
>
>   *Moussu lou mèro*
>   *D'el païs*
>   *M'o countat qu'éro*
>   *A Paris.*
>
>   *Bélo louzetto,*
>   *Sé, per bioï,*
>   *Ta fino aletto*
>   *Yeoù, l'abioï,*
>
>   *Sans crida garo,*
>   *Len del sol,*
>   *Partirioï aro*
>   *D'un soul bol.*
>
>   *Mé sioï filletto,*
>   *Pas aoussel,*
>   *Né baou briquetto*
>   *Din lou cèl.*
>
>   *Paoure pastouro*
>   *Sans amous,*
>   *Baï, crido é plouro*
>   *Tout lou jour.*

choses impures, avec la voix des pâtres de Bethléem qui, dans mon imagination, remplissaient cette belle nuit lumineuse, le mulet des Bassac, las à la longue de l'histoire peu édifiante de Baptiste et de sa pastoure, devinant peut-être que tout cela n'était ni convenable ni chrétien, — les bêtes ont leurs idées, — s'était remis en marche, et d'un bon pas.

— Verjus! Verjus! appelai-je.

Il n'entendait rien, gravissant toujours devers Camplong sans se retourner. Merlette n'eut qu'un vol, comme n'aurait eu qu'un vol la pastoure pour rejoindre son Baptiste à Paris. Je les aperçus tous deux immobiles, là-haut, à la crête du Jougla. Les oreilles droites du mulet coupaient la lune en trois morceaux. On aurait dit, à cette minute, que Merlette et Verjus étaient dans le ciel.

— Attendez-moi! attendez-moi! leur criai-je, redoutant de les voir disparaître.

Je les touche, et, joie profonde, suprême joie, au moment où ma main, effarée comme mon âme, cherche la main de Merlette et s'en empare, notre cloche de Camplong, la cloche de notre église, la cloche de mon oncle, ma cloche, prélude à travers les châtaigneraies. Ce sont de petits, de tout petits coups, mais ils se détachent si clairs en cette incomparable nuit, qu'ils arrivent jusqu'à nous entiers, parmi les branchages qui se les renvoient harmonieusement.

Me trompé-je? Il me semble que nous venons de nous engager dans un sentier plus étroit que celui de ce matin. Voici du monde. Ces gens-là brandissent de longs bâtons de résine enflammée. Les boutons de métal de leurs habits des dimanches étincellent. Il y a des femmes égrenant leur chapelet dans la tourbe qui nous frôle. Un vieux, en tête de la colonne, lance ceci d'une voix chevrotante :

Jésus est né dans l'étable...

Les autres lui répondent :

Sanctum Dominum Jesum.

Le vieillard reprend :

Voyez comme il est aimable!

Les autres, en chœur :

Sanctum Dominum Nostrum.

— C'est Joseph Lasserre, des Passettes, avec les bergers des métairies voisines, me dit Merlette.

Soudain, un cri traînant et prolongé, un cri

attristant, un cri sauvage d'oiseau de proie, traverse l'air.

— *Hou-hou!... hou-hou!*
— Il y a donc des chouettes par ici?
— Ça, une chouette, monsieur Jean!
— Qu'est-ce, alors?
— Ça, c'est Galibert qui s'amuse.

XIII

A cet endroit, la petite lune vive du ciel jetait sur le sol de grands morceaux de clarté aussi blancs que nos draps du presbytère retirés de la lessive et étalés orgueilleusement par Prudence sur la grave de la rivière d'Espase. Mais ces coins lumineux s'effacèrent, mangés par la nuit, et nous nous trouvâmes plongés dans une ombre si noire, que je ne voyais ni Merlette ni Verjus à deux pas en avant de moi.

— Attendez donc ! criai-je de nouveau, comptant, pour me délivrer d'une peur horrible, autant sur le mulet des Bassac que sur cette fille de Virginie.

— Nous cheminons parmi les rocailles les plus hautes du Jougla ; mais dans une minute nous rejoindrons Galibert, me lança Merlette.

— Je ne veux pas le rejoindre, Galibert, moi !

— Il faut bien lui dire que Joseph Lasserre est passé avec les gens de Bataillo.

— Et pourquoi lui dire cela ?

— Pour qu'il s'endimanche un brin tout de suite et descende à la paroisse avec nous. Galibert n'a point de religion, et si on n'allait pas le chercher, il serait capable de manquer la messe de minuit. Je ne veux pas, moi !

— C'est donc tout à fait un mauvais sujet, ton Galibert ?

— Des fois, il oublie ses bêtes pour s'encourir après les cotillons mal attachés.

— Et toi, tu demandes qu'il suive les offices ?

— Je ne demande que cela, monsieur Jean.

— Hou-hou ! hou-hou ! hurla le berger des Bassac.

— Hou-hou ! hou-hou ! lui répondit Merlette.

S'il vous est arrivé de voir du charbon fraîchement extrait de sa galerie, vous avez remarqué les belles traces, tantôt mordorées, tantôt vieil or, quelquefois d'un vert éclatant, qui font de certains morceaux de houille comme de grosses pierres précieuses. Ces reflets métalliques m'avaient beaucoup frappé au presbytère, où tout était nouveau pour moi, et je me souviens avec quels regrets, quand on les lançait dans le foyer, je regardais brûler ces fragments dont plus d'un, saturé de substances inconnues, — les études scientifiques de mon oncle avaient été fort négligées, — partait en fusées qui nous éblouissaient.

— Que c'est joli, cela ! m'écriais-je.

— En effet, c'est très joli, cela, disait mon oncle.

Puis, après une minute de réflexion, ne découvrant rien sur le phénomène qui me troublait :

— Dieu l'a voulu ainsi, mon enfant, ajoutait-il. Dieu a répandu la beauté partout, jusqu'aux entrailles de la terre.

C'est aux rayonnements, aux fulgurations s'échappant de la charge de Verjus que je devinai notre sortie du défilé rocheux où nous marchions obscurément. La lune, les étoiles, tout le ciel avait touché les facettes soufrées du charbon de Brochin et en détachait des myriades d'étincelles. Le sentier, du reste, allait devant nous droit et plan, entre deux murailles de taillis crevées par des trouées blanches... Oh ! là-bas, pas bien loin, s'ouvrit devant nous une porte ronde enflammée, —

la gueule du four communal, les jours de fournée.

— Vois donc, Merlette! dis-je, effrayé.
— C'est Galibert.
— Il a donc mis le feu aux bergeries?

Dans les lueurs rouges qui commençaient à nous toucher et où Verjus s'avançait, non plus lumineux comme au sommet du Jougla sous la lune, mais noir de tête en queue comme une immense tache d'encre qui aurait eu des pattes, quelqu'un — une bête peut-être — passa au galop fonçant sur nous.

— Non! non! cria Merlette.

L'homme, — c'en était un, — sans s'émouvoir des protestations de cette fille de Virginie, l'enleva d'un tour de bras et se sauva plus vite qu'un voleur ayant les gendarmes aux talons.

— Non, Galibert! non, Galibert! répétait Merlette désespérément.

Verjus eut un hennissement très doux, presque affectueux. Je m'arrêtai; mais, finalement, je partis d'un grand éclat de rire. Après ma peur terrible, la certitude qu'en tout ceci il n'y avait que Merlette et Galibert batifolant à leur accoutumance, à travers le Jougla dont ils étaient familiers, m'apportait une quiétude infiniment agréable.

Cependant, entre cette fille bizarre et le jeune pâtre des Bassac, les choses n'allaient pas tout à fait à la fantaisie de ce dernier, car, lorsque nous les rejoignîmes, Verjus et moi, devant la porte à claire-voie des bergeries, ils échangeaient des coups de langue fort vifs, fort salés. D'abord Merlette, plus mince, plus onduleuse, plus souple qu'une couleuvre de Fonjouve, était parvenue à se dégager des griffes de son ravisseur et se tenait à quelque distance, armée d'un plant de frêne ramassé par là, dont elle coupait l'air résolûment.

— Si tu veux le sentir sur ton museau, tu n'as qu'à lever derechef la main sur moi, disait-elle d'un air menaçant.

— Tu me battrais? demanda l'autre, incrédule.

— Attrape!

D'un recul adroit, Galibert évita le bâton.

— Jésus-Maria! comme te voilà en colère, ma jolie Merlette!

— Est-ce que je suis ta Merlette, moi?

— Certainement tu l'es.

— Est-ce que je t'ai écouté, ce soir, dans les baraques de Brochin, où tu m'as poursuivie, où tu m'as décoiffée, où tu m'aurais mis l'habillement sens dessus dessous, si je ne t'avais griffé de mes ongles et de mes dents?

— Mais tu m'as écouté d'autres fois.

— Ah! que j'aurais bien mieux fait d'obéir à Prudence, à M. le curé, à ma mère Virginie!

— Donc, tu ne veux plus avoir d'amitié pour moi?

— Je ne veux plus.

— Alors, pourquoi viens-tu me chercher aux bergeries?

— Moi, je viens te chercher!

Sa voix s'obscurcit comme si des graviers s'y mêlant soudain en avaient assourdi l'éclat, puis elle expira dans un rire sec, méchant, que je ne connaissais pas à Merlette, que je ne connaissais à personne de Camplong. Le pâtre, touché à je ne sais quel endroit de l'être, s'élança; mais le plant de frêne l'atteignit à la poitrine rudement, et ce jeune homme en pleine fleur d'âge, qui n'aurait eu qu'à allonger ses dix doigts pour saisir Merlette, l'emporter où il aurait voulu, et là la dévorer à son aise comme le loup fait la brebis, ne bougea ni pieds ni langue, demeura fixe, regardant devant lui sans voir, exposé à de nouveaux coups.

— Tant pis! tant pis! ricana cruellement cette gamine de Virginie Merle.

— Bon! mon feu qui s'éteint, à présent! bredouilla Galibert, trouvant une raison pour échapper à sa furie.

Il courut vers le séchoir des Bassac, où nous l'entendîmes murmurer, puis se plaindre, puis crier, puis jurer. Merlette bondit vers moi, s'empara de ma main, m'entraîna.

Le séchoir, dont le foyer venait d'être remué, brillait, étincelait, flambait. On eût cru que le grand soleil y était entré...

Le *séchoir*, chez nous, est une maisonnette de cinq à six mètres carrés. La maisonnette n'a qu'un étage, séparé du rez-de-chaussée par un plancher percé de trous. En haut, les châtaignes entassées ; en bas, le feu de houille qui les dessèche lentement. Quand le fruit, richesse de mon pauvre pays natal, réduit, flottant dans sa gousse trop large, roussie, craquelée, est arrivé à point sous l'action continue d'un brasier tantôt vif, tantôt amorti, des bras vigoureux le battent en des sacs sur un billot, et, dur comme la pierre, jaune comme l'or, il est vendu à des marchands qui, tous les ans, vers décembre, font leur apparition aux monts d'Orb. Camplong, Graissessac, Saint-Étienne-de-Mursan, les Nières, voient leurs ruelles obstruées par les séchoirs, bâtis un peu au hasard, sans nul souci d'un alignement quelconque, jusque sur la place du village, comme à Castanet-le-Bas. Les Bassac — des paysans se piquant de bourgeoisie — n'avaient pas voulu être incommodés par l'âcre fumée du séchoir et avaient construit le leur en plein Jougla, à quelque cent pas des bergeries.

Galibert, penché sur un monceau de charbon de Brochin, s'amusait à tisonner avec un gros fourgon, nous offrant une énorme silhouette noire sur un fond d'or très vif.

— Moi, je viens te chercher!... répéta Merlette.

Et, impuissante à maîtriser sa fureur, encore que sa main droite fût embarrassée d'une de mes mains, elle allongea de sa main gauche un si rude coup au berger, que le plant de frêne se cassa net. Galibert n'eut ni un cri ni un mot; il se contenta de la considérer, puis il haussa les épaules et sourit.

— Oui, lui cria-t-elle exaltée par le dédain qu'on lui marquait, oui, tu es plus fort que moi, je le sais; mais essaye donc à cette heure de me saisir, de me secouer dans tes bras, de me mordre comme Caramba mord les brebis de ton troupeau, de me jeter par terre en m'entravant les pieds, et tu verras si tu viendras à bout de moi aussi facilement aujourd'hui que hier et qu'avant-hier! Tu as des dents? Eh bien, je n'en manque pas, et si tu veux que je te plante les miennes dans la peau, approche.

Elle relevait ses lèvres mignonnes et montrait ses armes : des quenottes fines, aiguës, qui, touchées par les flammes, éclatèrent dans sa bouche pareilles à des points de grésil sous le soleil qui va les fondre.

— Tes dents sont plus blanches que le muguet, lui dit le berger, s'extasiant.

— Veux-tu les sentir?

— Elles ne me font pas peur: je les aime.

— Viens jusqu'ici, alors!

Le jeune homme, tranquille, s'avança de trois semelles. La main qui me retenait me lâcha et, élargie, tout entière s'abattit sur la joue de Galibert.

— Voilà pour t'apprendre...

Elle n'en put dire davantage : le pâtre, sa magnifique toison blonde hérissée, ses yeux bleus étincelants, avait d'un coup de griffe réuni les deux menottes de Merlette et les serrait.

— Aïe! piaula la petite.

— Je t'en supplie, Galibert, ne lui fais pas de mal, balbutiai-je à mon insu.

— Est-ce que cela vous regarde, vous, monsieur le neveu, si je lui fais du bien ou du mal.

— Certainement, cela me regarde.

Et, d'une impulsion violente, je m'élançai contre lui à la délivrance de Merlette.

Galibert, qui avait une patte libre, — ses mains recouvertes de poils roux, parsemées de grosses lentilles rousses, n'allaient pas sans quelque ressemblance avec les pattes d'un loup, — Galibert ne fut pas long à s'emparer de moi comme il s'était emparé de mon amie. Il nous tint une longue minute, clignant de l'œil, les lèvres plissées par un repliement ironique, puis éclata de rire à gorge déployée. La rude étreinte de cette brute, abusant de sa force, me bouleversa l'être. Bercé au presbytère dans les mollesses d'une existence toute de sentiment, pour la première fois je devinai qu'il était ici-bas autre chose que le sentiment : la force, avec laquelle il fallait compter.

— Ah! quand je serai grand!... bredouillai-je.

Lui, riait toujours, bestialement. Enfin il cessa, ayant épuisé sa gaieté, et Merlette, furibonde :

— Tu as beau me serrer dans tes doigts comme une perdrix prise à tes pièges, je n'ai pas au col le lacet qui étrangle, je ne suis pas morte comme la perdrix, et je t'échapperai. Rattrape-moi, alors, de tout ton élan ! Tu pourras bien dégourdir tes grosses jambes par le Jougla : tu marcheras, je volerai. Ah! tu veux savoir pourquoi je suis venue aux bergeries des Bassac? Tu n'as donc rien compris à Brochin, lorsque tu me parlais et que je ne t'écoutais pas, lorsque tu déchirais mon foulard de soie de M. le curé et que je m'ensauvais pour éviter tantôt tes lèvres, tantôt tes mains ?

— Tairas-tu ta langue! hurla Galibert.

— Non, je ne la tairai pas, ma langue, jusqu'à ce que je t'aie annoncé que dorénavant je ne serai plus rien pour toi, ni dans la campagne ni au village, que depuis ce matin j'ai découvert un galant plus fin que toi, plus mignon que toi, plus parlant que toi...

— Un autre galant! gémit le pâtre.

Au même instant, ses mains, devenues molles, se délièrent et laissèrent aller les nôtres. Mais, pour moi, ce fut bien une autre aventure. Merlette n'avait pas recouvré la liberté de ses mouvements, qu'elle se précipitait à mon cou et, dans sa folie, — elle était décidément folle, — me marbrait le visage de baisers qui éclataient comme des châtaignes au feu. Encore que j'en parusse embarrassé, un peu humilié, j'étais dans le fond content de cette démonstration passionnée de la gamine de Virginie et ne résistais guère à ses caresses glissant sur ma peau avec des douceurs tièdes de duvet. Pour Galibert, je ne le comprenais pas. Durant ce manège extravagant de son amie, il ne bougeait aucunement : fiché droit à trois pas de nous, il suivait d'un œil détaché des amusements qui auraient dû l'irriter et semblait s'en soucier autant que d'une figue sèche à la cime d'un figuier. Tant d'indifférence ne se pouvait supporter, et Merlette, dont j'étais devenu le jouet, disposant de ma personne comme de sa chose à elle, se conduisant envers moi comme seul mon oncle Fulcran aurait été autorisé à se conduire, passa son bras autour du mien et me fit faire deux fois le tour du séchoir. Peut-être aurions-nous commencé un troisième tour; puis, ce troisième achevé, un quatrième, si Galibert n'était parti d'un éclat de rire qui nous coupa les jambes brusquement. Il se trouvait dans le rire du pâtre tant d'insolence, de grossièreté, de moquerie entremêlées...

— Tu es jaloux! lui cria Merlette.

Et, comme elle gardait toujours mon bras sous le sien, je la sentais frémir de la tête aux pieds.

— Mais non, petiote, je ne suis point jaloux, bégaya-t-il.

— Alors, tu penses être aussi beau que M. Jean de la cure?

— Je pense être assez beau pour toi.

— Tu es plus roux qu'un écureuil de noyer!

— Tu es plus noire qu'une taupe de jardin!

— Emboiseur de filles!

— Emboiseuse de garçons!

— Celui-ci au moins, dit-elle, me montrant d'un geste frénétique, celui-ci n'est pas né dans une hutte de la montagne comme toi.

— Et tu te figures que M. le neveu a de l'amitié pour la fille de ta mère?...

— Il n'a pas été nourri de châtaignes, comme toi.

— Mais M. le neveu s'amuse...

— Il ne garde pas les bêtes, comme toi.

— M. Jean de la cure étudie les livres de son oncle, je ne vais pas contre...

— Tu vois donc qu'il est plus propre, plus gentil que toi !

— Preuve qu'il est fait pour d'autres filles que les filles de chez nous...

— En attendant, il m'a donné, en cadeau de Noël, cette capette de laine fine ! cria-t-elle, touchant du doigt le chiffon de Siebel.

— Est-ce qu'auparavant de te la donner en cadeau, cette capette de laine fine, M. Jean en a demandé la permission à M. le curé ?

— Ah ! par exemple !

— Alors, c'est de Prudence que M. le neveu a obtenu la permission ?

— Ni de M. le curé, ni de Prudence. Il a payé la capette à Zidor, et voilà !

— Avec quelle monnaie M. Jean a-t-il payé la capette à Zidor ?

— Est-ce que cela regarde les gens de ton espèce ! siffla Merlette, étranglée tout à coup par le collet de la perdrix.

— Cela ne me regarde pas, moi ; mais cela regardera M. le curé, qui ne sera pas content d'apprendre que M. le neveu s'encourt par le Jougla, distribuant des présents aux filles de la paroisse. En voilà un péché mortel !...

— O Galibert! Galibert!... implorai-je.

— En vérité, monsieur le neveu, une veille de Noël, un jour de confesse, car vous êtes allé vous confesser à Graissessac et remettre les cinq francs de la messe de la Sainte-Barbe à M. le curé Matheron...

— Comment, tu sais cela, toi?

— Prudence nous l'a conté ce matin, en venant demander Verjus.

— Mon Dieu! mon Dieu! murmurai-je, assommé sur place.

Et, après un chancellement de trois secondes, je m'affaissai sur un escabeau, dans le coin le plus obscur du séchoir.

— Monsieur Jean! mon bon monsieur Jean!...

Ce fut un cri de Merlette, m'enveloppant de ses bras mignons, essayant de me remettre debout.

— Va-t'en, toi! va-t'en!

Comme elle s'entêtait à ne pas me lâcher, retrouvant mon énergie par un brusque effort de mon âme qui se dégageait du péché, je repoussai le Démon acharné après moi, et, le front bas, — un fer rouge me le brûlait jusqu'à l'os, — je me précipitai en avant. Malheureusement, sur le point de franchir la porte du séchoir, je dus livrer passage au pâtre des Bassac enlevant Merlette à pleine brassée, avec des paroles indistinctes mêlées de grognements de bête affamée. Par exemple, cette fille de Virginie, d'une voix de détresse effroyable, criait :

— Non! non! non!!!

XIV

Où emportait-il Merlette, ce Galibert enragé? Sous la lune toujours claire, je le vis se diriger vers les bergeries avec son fardeau, pousser du pied une porte, disparaître. Ma foi, moi aussi, j'allais disparaître, m'en aller. Il était temps d'en finir avec cette vie scélérate, cette vie d'Enfer. Quelle heure pouvait-il être? A la seule inspection du ciel, un paysan de nos montagnes l'eût deviné; mais je n'étais pas un paysan, moi.

Décidé à descendre seul vers Camplong

parmi les châtaigneraies obscures, je m'approchai de Verjus, demeuré immobile sous sa charge, et m'évertuai à délier la longe de cuir nouée par Merlette, renouée par Galibert, qui le retenait attaché à un gros anneau de fer scellé dans la muraille du séchoir. La besogne ne se fit ni sans difficulté, ni sans effort. Enfin, le pauvre et bon mulet de M. le maire, las de respirer la fumée de la houille montant d'un soupirail dans ses naseaux, releva la tête et huma l'air pur bruyamment. En vérité, on aurait pu l'entendre des bergeries, et je regardai de ce côté. Personne ne se montra... Mais, au bout du compte, en ce moment, à quoi pouvaient être occupés ce pâtre des Bassac et cette fille de Virginie?

— Vois-tu, mon Verjus, dis-je à ma bête, lui enroulant la longe autour du col, vois-tu, mon Verjus, qu'ils fassent ce qui leur plaira. S'ils font bien, Dieu les récompensera; s'ils font mal, Dieu les punira. Pour nous deux, nous allons rentrer à la maison. N'est-il pas vrai que tu ne serais pas fâché de mordre à la luzerne de là-bas? Moi, je n'ai pas faim; mais tout de même je toucherais avec plaisir le gîte, après cette longue journée de peines et de fautes...

« *Meâ culpa ! mea culpa ! mea maxima culpa !...* »

Comme je venais de glisser le bout de la

longe dans son ardillon, je me frappai trois fois la poitrine de mon poing fermé.

Verjus, libre, se retourna, et ses beaux yeux dévisagèrent la lune. Il cherchait à s'orienter sans doute. Assurément, ce n'est pas moi qui le guiderais dans ce quartier de la montagne où je n'étais jamais venu qu'en plein jour.

Cependant, le mulet hasarda quelques pas en un sentier pierreux côtoyant le séchoir et dégringolant vers l'Espase. Quel contentement ! ma bête avait trouvé sa voie.

— Doucement, mon ami, doucement ! lui criai-je.

Je lui sautai à la bride.

— Pense à cela, mon Verjus, lui dis-je, moi, je n'y vois pas dans la nuit comme toi, et je ne sais pas les trente-six chemins du Jougla et de Bataillo. Je ne suis pas de ce pays où mon oncle est curé. Si tu n'avais les paniers combles, je grimperais sur ton dos et te laisserais filer en droiture sur Camplong, me fiant à toi, m'en rapportant à toi en tout et pour tout. Par malheur, tu es chargé, trop chargé, et m'installer sur ta barde est à présent chose impossible. Pourtant, tu n'oserais partir seul pour la paroisse et m'abandonner ici dans ces châtaigneraies au milieu des loups. Il n'est pas sans que Galibert t'ait conté combien les loups sont coutumiers des bergeries des

Bassac, où ils enlèvent aujourd'hui un mouton, demain une brebis, un autre jour un agneau. Il faut, pour que je ne m'égare pas et qu'au besoin je te retienne si tu voulais marcher trop vite, il faut que, des deux mains, je m'accroche à ta queue. Tu sais que c'est l'usage, chez nous, par les mauvais chemins, quand on n'y voit goutte et qu'on ne peut tenir en main la bride de sa bête, de tenir solidement sa queue.

Le mulet, qui m'avait compris, ne bougea en aucune façon, et j'eus tout le temps d'agripper sa queue touffue et d'en enrouler les crins autour de mes doigts.

— Va, mon Verjus, va!

Il demeura fixe.

— Va donc!

Il souleva son arrière-train avec une envie très manifeste de ruer, dès une nouvelle sommation. Diable! si ce mulet, moins docile que je ne l'avais cru, allait me décocher une ruade qui m'étendrait à quatre pas! La pensée d'un péril imprévu me donna le frisson, ma casquette se souleva à la pointe de mes cheveux, raides comme des cierges de première communion, et je lâchai la queue de cet animal féroce des Bassac, capable de me tuer.

Je me retrouvai à la porte du séchoir, tenant le mulet par la longe du licol, déroulée vivement d'une main fébrile. L'anneau de fer, poli par l'usure, brillait contre la muraille. J'y glissai la mince courroie, et, vaille que vaille, rattachai Verjus, qui se laissa faire sans protestation. Le cœur me battait haut dans la poitrine; j'avais beaucoup de peine à respirer. Je restai à côté de ma bête, les yeux baissés, osant à peine les relever de temps à autre pour regarder devant moi. J'abordais avec assez de courage les endroits blanchis par la lune, où ma vue démêlait mainte pierre, maint arbuste du sentier qui, sous la voûte céleste pleine d'astres, gardaient leur attitude, leur tournure naturelles; mais mes paupières se fermaient dès qu'il s'agissait de plonger dans les châtaigneraies, des gouffres d'horribles ténèbres que ne traversait pas un rayon. — Et je pourrais m'aventurer à travers cette nuit noire? — Sans délibération plus ample, tout me paraissant hostile en ce silence où je me trouvais perdu, je me reprécipitai dans le séchoir et d'une rude poussée en rejetai la porte derrière moi.

L'agréable, le délicieux abri, après mes terreurs si sottes! Il faisait chaud ici, tandis que par le Jougla!... Je découvris un escabeau; mais je n'étais pas assis, que la dernière flammette bleuâtre voltigeant par-dessus le foyer s'éteignit. Je sautai d'un bond à la porte. D'un tour de main, je l'étalai grande ouverte. Je manquai la briser contre le jambage de moellon, car elle eut un craquement sinistre. La lune entra, pacifique, amicale. Je démêlai tout dans ma *logette* tapissée de suie, tout, jusqu'à un pauvre petit *carel* accroché en un coin et brûlant chichement dans la fumée. — Le *carel*, lampe de forme antique, à trois becs, avec un récipient de cuivre pour recevoir l'huile qui suinte des mèches, éclaire les ménages aux monts d'Orb. — Je mouchai celui des Bassac, trop négligé par Galibert, et, moyennant des morceaux de charbon bien choisis en un tas, j'avivai le feu. La bonne houille que cette houille de Brochin ! J'en verse une pelletée sur les cendres — il ne restait que des cendres — et la pelletée s'enflamme, et des ruisselets noirs coulent dans toutes les directions à travers les escarbilles aux reflets d'acier. Cela fondait comme, cent fois, sur la place du village, quand des rétameurs ambulants traversaient la paroisse, j'avais vu fondre l'étain et le plomb. Et quelle clarté se dégageait de ces coulées bouillonnantes et flambantes ! C'était le jour, véritablement le jour.

Pénétré d'un bien-être très doux et m'y abandonnant, je ne pensais à rien désormais. Aussi, ma surprise fut grande, quand, après un long assoupissement de mon esprit rompu de fatigue, je découvris dans mes mains la lettre de M. Alexandre Matheron, curé de Graissessac, à M. l'abbé Fulcran, curé de Camplong... Ah! mon Dieu! Le fait est que, je ne sais comment la chose est arrivée... Mes doigts avaient donc glissé à mon insu dans la poche de mon pantalon et y avaient saisi le papier? Apparemment. Le plus fâcheux, c'est que la lettre du respectable M. Matheron, collée avec un brin d'hostie trop vieille, bâillait, complètement décachetée. Était-ce moi qui avais fait le coup? Je demeurai consterné, lisant et relisant d'un œil stupide ces lignes de l'adresse tracées en grosses lettres :

A Monsieur

Monsieur l'abbé Fulcran,

Curé de la paroisse de Camplong,

A. Camplong.

A force de regarder, de réfléchir, je me souvins que j'avais à plusieurs reprises tourmenté la lettre dans ma poche, que l'hostie en était encore fraîche et que probablement elle s'était détachée. N'importe, je n'en étais pas moins très coupable. — Comment sortir

d'une situation aussi poignante qu'imprévue?
— Parbleu! il fallait recacheter l'épître de
M. Alexandre Matheron. Cette idée ne s'était
pas fait jour dans mon cerveau, que je me mis
à passer et à repasser ma langue, dûment
imbibée de salive, sur le papier replié, à l'endroit du pain à cacheter. Eh! Seigneur! je ne
touchai pas la moindre aspérité. Y allant de
trop bon train, avais-je avalé l'hostie? A l'instant même, je ressentis au fond de la gorge
un chatouillement révélateur. L'hostie de Graissessac venait de passer.

Le coup fut terrible. Toutefois, soit ahurissement après un malheur dont il m'était difficile de mesurer les conséquences, soit perversité naturelle, je retenais toujours au bout des
doigts la lettre un peu fripée et ne songeais
aucunement à la remettre en sûreté dans ma
poche. Soudain, à cette seconde d'indécision
qui me faisait perler des gouttelettes de sueur
par tout le corps, Satan, acharné à ma perte,
me souffla une pensée diabolique : si je lisais
la lettre du respectable M. Matheron?

En plus d'une rencontre, au presbytère, il
m'était arrivé de glisser un œil, un œil pointu
et tirebouchonnant de vrille, au fond de tel
papier de l'Évêché ou d'ailleurs; mais ces
assouvissements de curiosité me coûtaient
cher : tandis que je soulevais avec l'adresse

d'un voleur — je volais ses secrets à mon oncle — les bandes entre-croisées et contre-signées du *Vicaire général de Monseigneur*, le cœur me battait comme la sonnette de l'église à l'*Élévation* et je flageolais sur les jambes. En cette nuit sacrée de Noël, dans le séchoir des Bassac, il ne m'advint rien de pareil. Non seulement j'ouvris de bas en haut la feuille de M. Alexandre Matheron, sans le moindre essoufflement de la poitrine, le moindre tremblement des membres; mais je pus, sans laisser tomber une goutte d'huile du récipient qui débordait, déplacer le *carel* pour l'accrocher plus bas, un peu au-dessus de l'écriture de M. le curé de Graissessac. Oh! la bonne, la grosse, la patriarcale écriture, que l'écriture du respectable M. Matheron! Sauf les *u*, qui prenaient à tout bout de champ des formes de *v*, les caractères, bien marqués, avec des pleins robustes, des déliés gracieux encore qu'un peu massifs, se tenaient solidement bâtis et on les reconnaissait au premier coup d'œil. Cela se lisait aussi aisément que de l'imprimé de livre, et je n'avais pas jeté les yeux sur la lettre de M. Matheron, que je la savais par cœur. Autant que ma mémoire est capable d'en reproduire les termes, la voici du reste, cette fameuse lettre, le plus cruel remords de mon enfance.

« Graissessac, ce 24 décembre, veille
de la glorieuse Naissance de
Notre-Seigneur Jésus-Christ.

« Monsieur le curé,

« Je suis très heureux de vous donner de bonnes nouvelles de l'affaire de Virginie Merle. Ma sœur, que j'ai vue avant-hier à Saint-Gervais, sera en mesure de se charger de votre protégée dès le 1ᵉʳ janvier, c'est-à-dire dans cinq ou six jours. Vous m'aviez vivement intéressé à Merlette, en me vantant son intelligence précoce, sa *physionomie* attachante; mais Catherine Ramel, du *Feu-Grisou*, qui la connaît sous des aspects que votre charité ne vous a pas permis de découvrir, m'a déterminé à agir avec plus de promptitude que je ne comptais le faire, sachant l'Orphelinat des sœurs de la Croix très encombré. Étiez-vous informé que votre petite paroissienne courût journellement le Jougla et le roc de Bataillo avec le pâtre des Bassac? Il n'est pas rare que ce misérable Galibert, tandis que Julot et Milou paissent les bêtes à l'aventure, après avoir en cent façons batifolé avec Merlette dans la montagne, ne l'amène boire au *Feu-Grisou*. Certes, Catherine Ramel, en femme pieuse qu'elle est, leur a fermé plus d'une fois la porte de l'auberge au nez ; malheureusement, son mari n'y met pas tant de scrupule, et nos jeunes gens vont bride abattue à travers une vie qui n'est qu'une abomination.

« En apprenant ces faits déplorables, j'ai couru à Saint-Gervais, et j'ai convaincu ma sœur. Aussi désireuse que moi de faire cesser des désordres tout à fait scandaleux pour les paroisses de Graissessac, de Camplong, de Saint-Étienne-de-Mursan, elle trouvera dans sa maison un trou pour y loger Merlette et dans la huche de l'Orphelinat un morceau de pain pour la nourrir.

« Nous vous remercions, Seigneur, *gratias tibi referimus, Domine, tuam misericordiam deprecantes*.

« Je vous embrasse en notre divin Sauveur.

« ALEXANDRE MATHERON, *curé*. »

Je n'en revenais pas. Comment, dans aucun des paragraphes de cette longue épître il n'était question des cinq francs de la messe de la Sainte-Barbe ! C'était bien la peine vraiment de trembler, de grelotter, de mourir de peur, durant tout le temps que M. Matheron avait mis à noircir son papier ! Je ne pouvais croire à tant de générosité de la part du vieux prêtre, réputé avare en toute l'étendue du pays, et, pour me rassurer, non seulement je relus sa lettre jusqu'à trois fois, mais je la tournai, la retournai, la fouillant, l'auscultant en ses plis et replis, persuadé que j'allais découvrir en quelque endroit perdu un mot qui me livrerait. Rien, absolument rien. — Quel saint, tout de même, ce respectable M. Alexandre Matheron! — Et comme ma journée au presbytère commençait, chaque matin, par la lecture de la vie du saint que mon oncle allait fêter à l'autel, que les miracles de la plupart des Bienheureux m'étaient à la longue devenus familiers, je pensai à saint Jean Népomucène, martyrisé pour avoir refusé de trahir le secret de la confession, et j'eus la vision très nette de M. le curé de Graissessac debout dans la niche d'une église, avec ses vieux souliers couleur d'amadou, sa vieille soutane rapiécée, son vieux rabat effiloché sur les bords, où, durant la méridienne coutumière, était tombée plus d'une roupie...

Eh, Jésus-Dieu! que se passe-t-il? Je viens d'entendre le claquement d'un fouet. Je me précipite hors du séchoir. Il fait plus noir dans les châtaigneraies que dans les galeries de Brochin. Alors, la lune est couchée? Je ne sais. Le fait est que le ciel est aussi obscur que la terre. Ah! je distingue l'anneau de fer contre la muraille, près de la porte. J'y pose la main et suis la longe pour tâter Verjus, dont je ne parviens pas à débrouiller la silhouette dans ces horribles ténèbres. Mon Dieu! la longe me reste au bout des doigts; elle est cassée. Verjus a tiré de force, et le cuir a éclaté. Singulier coup de fouet vraiment...

— Verjus! Verjus!

Pas de réponse... Attendez! là-bas, dans les détours du sentier, j'ai ouï des pas retentissants et précipités qui s'éloignent de plus en plus. Je n'en puis douter, le mulet des Bassac, las de sa charge, impatient de la déposer, gagne le village au galop.

— Merlette! Merlette!

Personne ne m'entend.

— Galibert! Galibert!

Beaucoup de vent dans la campagne, et c'est tout. Je me signe. Miracle! la lune dégage ses deux pointes du gros nuage qui les cachait, et je vois clair devant moi. Là, à ma droite, parmi des paquets d'ombre épaisse, j'aperçois le long bâtiment des bergeries où disparaissaient tout à l'heure cette gamine de Virginie Merle et son galant, car, c'est entendu, Galibert est son galant. Je vole. Par exemple, j'ai quelque peine à découvrir la porte de ces bergeries, tant on a l'habitude chez nous de faire ces portes étroites afin de permettre au berger de compter ses bêtes une à une, au fur et à mesure qu'elles rentrent au gîte, le soir. Mes doigts fureteurs touchent un loquet. Je pousse. Me voilà dans les étables des Bassac.

La bonne, la molle, la chaude odeur ! Après avoir éprouvé l'air extérieur plus que vif, je me sens enveloppé fort agréablement, ma foi. Puis la lune, qui passe à travers de hautes lucarnes, épanche ici autant de clarté que n'importe en quel endroit du Jougla. Mille détails me sautent aux yeux : d'abord, le râtelier à double claire-voie, très bas, surchargé de branchettes de frêne rongées jusqu'à l'os, qui occupe le milieu de la vaste remise ; ensuite, les profils emmêlés, les toisons blanchâtres, brunâtres, par-ci par-là d'un noir d'encre, des bêtes endormies. Certes, tous les moutons de M. Vincent Bassac ne dorment pas, et plus d'un, à mon entrée, malgré mon pas très assourdi dans l'épaisseur du fumier, a relevé la tête et me regarde, une brindille aux dents ; mais, à dire vrai, la plus grande partie du troupeau, vautrée dans les attitudes les plus libres, sommeille et rumine à la fois. On ne saurait croire, à moins de l'avoir longuement écouté, comme il m'est arrivé en mainte occasion aux monts d'Orb, combien est harmonieuse cette mélopée des bêtes, chèvres ou moutons, remâchant en mesure la nourriture de la journée.

Quelle paix adorable parmi ces animaux, tandis que le temps se brouille au dehors, que de minute en minute la bise âpre et dure hurle parmi les châtaigneraies ! Pourtant, je ne voudrais pas faire le spectacle plus paisible qu'il ne l'était en réalité, et laisser croire que les choses se passaient dans les bergeries des Bassac ainsi qu'elles se passent au paradis, en parfaite tranquillité. Non ; ici, comme dans tous les coins de ce bas monde, il y avait un trouble-fête, et ce trouble-fête était cet énorme bélier mérinos venu d'Espagne, *Caramba*, du nom qu'on lui avait donné dans son pays, et dont M. le maire de Camplong paraissait aussi fier qu'il était fier de Verjus. Figurez-vous que cette bête, armée de cornes enroulées, pointues, plus redoutables que des sabres, quand tout reposait, voulait reposer, s'emportait, de-ci de-là, en des bonds démesurés, éveillait les brebis timides particulièrement, et les bousculait en cent façons... Ah ! si j'avais été Galibert, ou simplement Julot, ou simplement Milou !...

— Veux-tu finir ! lui dis-je en me dirigeant vers une échelle, tout au fond.

Cette échelle, que j'avais gravie plus d'une fois aux époques de mes chasses aux grives, menait droit à une logette en planches servant de chambre à Galibert. Puisque le pâtre et cette coquine de Merlette refusaient de me répondre, j'étais résolu à aller leur parler de plus près. Ne découvrant en bas nulle trace de mes deux mauvais sujets, je les retrouverais en haut certainement. Sur le point d'aborder le premier échelon, je dus m'arrêter. L'affreuse chose quand j'y pense : j'avais failli, ayant l'œil à Caramba qui me suivait et était capable de m'éventrer d'un coup de corne, j'avais failli marcher sur Julot et sur Milou couchés dans une botte de foin. J'évitai de leur causer dommage par un détour adroit, et, d'un saut de chat maigre, atteignis l'échelle, dont les montants fléchirent sous la violence du bond. Caramba s'éloigna. Je vis les deux frères de Merlette, enveloppés de lune blanche, qui continuaient à dormir côte à côte, la bouche mi-ouverte, les yeux bien clos, les poings fermement serrés.

Après avoir, une seconde, pensé à l'étable de Bethléem, où accoururent tant de bergers, je grimpe, je grimpe vers la chambrette de Galibert... Tiens! à travers les planches mal jointes de la masure suspendue au-dessus des râteliers, filtrent des fils de lumière. — Que se passe-t-il là-dedans?... — Je ne fais pas plus de bruit sur le palier très exigu que n'en ferait un renard à l'entrée d'une basse-cour... On cause... Rien de distinct... Des murmures, puis des rires étouffés… On ose rire ? Je lève la main ; mais, avant que j'aie pu toucher la porte, elle s'ouvre et me voilà face à face avec Galibert.

— Et Merlette ?

— Elle m'aidait à nouer ma cravate, me répond le pâtre, superbe dans ses habits des dimanches.

— A présent, que fait-elle, Merlette ?

— Elle regarde si elle est jolie.

J'entre, et je trouve, en effet, cette fille se faisant des mines, comme au *Feu-Grisou*, devant un petit miroir encadré d'une lame de zinc. Je ne suis pas sûr de ce que j'avance : il me paraît que ses nippes sont en désordre.

— Vous savez sans doute que Verjus est parti, qu'il est à Camplong déjà ! ne puis-je m'empêcher de crier.

Je n'ai pas parlé, qu'un bras de fer m'enlève, et je dégringole l'échelle des étables sans en toucher les échelons.

XV

GALIBERT possédait-il les ailes de la chouette dont il avait proféré le cri, quand, Merlette et moi, nous retournions à Graissessac à la queue de Verjus? Plus je pense à la rapidité, à l'envolement de notre course à travers les pentes du Jougla, plus j'incline à le croire. En quelques minutes nous touchâmes les premières maisons du village, et, en trois enjambées, mon centaure — la mythologie de l'abbé Gautier m'avait appris l'histoire du centaure Chiron — eut atteint le presbytère. Quelle grêle de reproches, Prudence, en train de décharger le mulet des Bassac à la porte de la cure, fit pleuvoir sur le jeune pâtre! Il faut l'avouer, Galibert ne parut guère s'émouvoir et aida notre gouvernante à vider les paniers.

— Par exemple, tu es bien heureux, petiot, que ton oncle soit retenu au confessionnal par les gens des Passettes, me dit-elle, laissant enfin Galibert pour se retourner vers moi. Une veille de Noël, se conduire ainsi! Il est près de huit heures, méchant enfant, il est près de huit heures... Ah! si tu ne revenais pas de confesse, si tu ne devais pas communier à la messe de minuit, si tu n'étais pas en état de grâce, c'est moi qui te traiterais comme tu le mérites! Est-ce que, toi aussi, tu vas à présent t'encourir après ce Galibert des Bassac, comme le fait cette fille de Virginie Merle, dans le Jougla, du côté de Bataillo?... Si tu crois que ton oncle souffrira que tu mènes cette vie de bête, car, à garder chèvres et moutons, les bergers deviennent bêtes comme eux...

— Ne vous inquiétez de rien, Prudence, c'est fini, interrompit Galibert, qui venait de rentrer la dernière pelletée de houille en l'intérieur de la maison.

— Oh! je sais que tu es vaillant, mon garçon, ajouta-t-elle radoucie, et tout irait bien si ta conduite valait ton courage. Malheureusement, ta conduite ne vaut rien...

— Bonsoir, Prudence! bredouilla-t-il.

— Voyons, Galibert, promets-moi de ne point tourmenter cette petiote de Virginie... Et, à ce propos, depuis midi, sa mère la cherche partout. Pourrais-tu me donner de ses nouvelles ?

— Vous croyez donc que je porte Merlette dans mes chausses, moi ?

— Il faut ne pas la détourner de sa mère, et ne pas la détourner de M. le curé, qui souhaite lui faire faire sa première communion. Quand on pense qu'elle marche à ses quinze ans et qu'elle n'a pas encore ouvert sa bouche au bon Dieu...

— Bonsoir, Prudence! répéta-t-il.

— Voilà un double sou pour ta peine, Galibert. A présent, si tu veux un bon conseil, avant de rentrer chez tes maîtres passe par l'église et agenouille-toi au confessionnal. C'est la Grande Naissance, cette nuit, et souviens-toi que tu es un pécheur de bonne prise pour M. le curé.

Le jeune pâtre, riant, — il était de naturel si gai, ce pêcheur de bonne prise ! — n'eut garde de refuser le double sou. Il l'empocha, me cligna de l'œil d'un air malin et s'esquiva.

Cela est extraordinaire et peut-être incroyable, mais je ne saurais exprimer à quel point je me trouvai seul, Galibert parti. J'étais chez moi pourtant, car, après l'escalier tournant que je venais de monter, après notre cuisine où je venais de m'asseoir, il m'était impossible de me figurer que je courais encore dans le Jougla. Eh bien, j'ai honte de l'avouer, cette maison si bonne, si réchauffante, si hospitalière, ce presbytère de Camplong qui empruntait au ministère de mon oncle une distinction, comme un rayonnement inconnu aux autres habitations du village, cette cure pleine des vertus de M. l'abbé Fulcran, vénéré à l'égal d'un saint dans l'étendue de la contrée, m'était devenue subitement une prison. Accroupi sur une chaise basse, les mains aux genoux, la tête penchée, à l'exemple d'un des moutons de Vincent Bassac, de Caramba remâchant sa nourriture, je remâchais, moi, le moindre incident de ma journée, et je découvrais à ce ruminement une saveur âcre qui aiguisait de plus en plus mon appétit.

Cependant, tandis que, revenant par un attrait irrésistible de mes moindres fibres nerveuses, de mes moindres idées, à cette Merlette, à ce Galibert, à ce Ramel du *Feu-Grisou*, à ce Zidor le colporteur, même à Nanie, même à Julot et à Milou endormis, même aux chardonnerets entrevus dans les châtaigneraies du Jougla vers Graissessac, même au verdier de

Catherine Ramel, tandis que je demeurais replié, ne bougeant ni pied ni langue, Prudence, elle, besognait en cent façons. Dans l'espèce d'ensorcellement où j'étais égaré, je la voyais très distinctement, à l'aide de notre bistortier, — un magnifique bistortier de buis, net et luisant comme l'or, — je la voyais très distinctement allonger par des pressions habiles un long tablier de pâte qu'elle amincissait à plaisir. Je pensais à Merlette, à notre dînette de gâteaux au *Feu-Grisou,* et, je vous en réponds, mon âme était en grande joie; néanmoins, je pensais aussi que mes dents mordraient à la tourte, à la marmelade de pommes que l'on préparait sous mes yeux.

Lorsque Prudence, avec des précautions infinies pour ne pas la crever, eut déposé la plus grosse pièce de sa pâtisserie au fond de la tourtière parsemée d'énormes virgules de saindoux, qu'avec des longes de pâte aussi minces, aussi souples que la longe cassée de Verjus, elle en eut édifié une manière de rempart aux rebords cannelés de la tôle, elle me sourit.

— Allons, petiot, ne sois pas si triste. Je ne rapporterai rien de ta conduite à ton oncle, sois tranquille... M. le curé de Graissessac avait beaucoup de gens au confessionnal peut-être, et tu as été obligé d'attendre. J'ai bien attendu mon tour plus d'une heure à Saint-Étienne-de-Mursan, moi... Et quand même ce Galibert des Bassac, qui n'aime rien tant que de s'ébattre et godailler, t'aurait un brin de temps retenu du côté de ses bergeries, quel mal y aurait-il à cela, à la fin des fins ? Je ne lui en veux pas à cause de toi, à ce Galibert des Bassac, riant à tout propos comme un coffre, je lui en veux à cause de Merlette.

Elle usa des ciseaux; puis, me montrant les rognures de la pâte abattue autour de la tourtière :

— Console-toi, Jean, je te ferai des *nœuds*.

Ah ! les *nœuds* de chez mon oncle Fulcran !... Quand mon pauvre oncle, après avoir porté le bon Dieu à quelque malade de la montagne, rentrait au presbytère et tombait exténué dans son vieux fauteuil de paille; quand, après avoir épluché au confessionnal quelque conscience endormie dans le péché, il rentrait à la maison, accablé de son long effort, tout blême et tout gémissant, Prudence, qui avait pénétré ses moindres faiblesses, lui disait:

— Allons, consolez-vous, monsieur le curé, je vous ferai des nœuds.

Et mon oncle se consolait en effet, et il se frottait les mains tout aise, et il souriait.

Ah ! les nœuds de chez mon oncle Fulcran !... Prudence filait un ruban de pâte indéfini, le débitait en menus fragments de la longueur du petit doigt, nouait ces fragments et les lançait dans une bassine d'huile bouillante, où ils fumaient, se boursouflaient, cuisaient. Les nœuds avaient-ils acquis cette belle couleur dorée particulière aux *châtaignons,* une spatule mince de cuivre les enlevait et les déposait en une grande jatte de faïence. Là, ils crépitaient doucettement sous une couche blanche de sucre pilé. Quels bruits délicieux, plus légers, plus tendres que des soupirs ! Un nid frais éclos n'a pas de plus jolis pépiements en avril. Mon oncle, durant cette musique fort agréable, comme moi engluant des chardonnerets ou des linottes au bord d'une flaque d'eau perdue, était à l'espère, tâtant de temps à autre du bout des doigts les nœuds brûlants, ainsi que je tâtais du bout de l'œil l'oisillon qui tardait à se prendre à mes gluaux. Mon cher oncle n'avait que cette gourmandise, mais il l'avait profonde. Il fallait bien que ce saint homme tînt par quelque chose à notre humanité. Il y tenait par les nœuds sucrés de Prudence Ricard.

— Le bon Dieu m'éprouve bien aujourd'hui, dit-elle, vidant le demeurant de notre jarre à l'huile dans la bassine, fourbie, étincelante comme le fond d'un calice. Virginie Merle, qui est une personne de bonne volonté, était en train de m'aider à préparer ce réveillon, mais elle a dû me quitter pour courir à la recherche de sa fille. Cette Merlette, quel garnement ! — Je vous demande où elle peut être à cette heure de nuit ? — Mais, dis-moi, puisqu'elle va à ses glaneries parmi les châtaigneraies, tu ne l'aurais pas rencontrée par hasard ?

— Moi !...

Je réprimai un trouble subit ; puis, me souvenant que Merlette, après avoir descendu le Jougla avec Galibert et moi, nous avait laissés en entrant au village, j'ajoutai délibérément :

— Il me semble qu'en passant devant sa porte, je l'ai aperçue qui rentrait...

— Tu sais, mon Jean, il ne faut jamais regarder cette petiote, car si tu la regardais, elle serait capable de te regarder à son tour, et Merlette a dans les yeux les feux de l'Enfer, les vrais. Son père lui a donné ça avec le vin qu'il buvait, nous a conté le médecin, M. Mothe. Et quelle langue elle porte pendue dans la bouche, cette fille ! Moi, quand je m'oublie à l'écouter, je sens qu'elle m'ensorcelle avec son caquet. Tu penses ce qu'il doit en être de Galibert, lequel, à lui seul, a autant d'esprit que tous ses moutons ensemble. Cette bavarde de Merlette, j'en suis sûre, lui fait cabrioler l'âme et le corps comme à un cabri...

Enfin, les sœurs de la Croix s'occupent d'elle à Saint-Gervais...

Le loquet de notre porte se souleva, et Prudence cessa de parler. C'était mon oncle. Il entra d'un pas traînant. Il s'assit. Il avait la mine allongée, pâlie, creusée. Cette oraison jaculatoire s'échappa de sa bouche :

— Mon Dieu, venez à mon secours !

— Mais aussi y a-t-il de la raison, vous si faible, si chétif, de demeurer cinq heures d'horloge au confessionnal, lui dit notre gouvernante, la face au feu.

— C'est la veille de Noël aujourd'hui. Dieu me soutiendra jusqu'au bout.

— Enfin, moi, je vais vous faire des nœuds.

Les traits de mon oncle s'éclaircirent. Il trouva la force de se lever.

— Merci, Prudence, murmura-t-il, honteux d'envies déréglées qu'il se reprochait et fuyant vers le salon.

— Jean ! Jean ! appela-t-il coup sur coup.

Ce que c'est que de se sentir la conscience chargée ! La voix de mon oncle avait été la voix affectueuse de ce matin, de toujours, et elle me parut dure, courroucée. — Se doutait-il de quelque chose ? Si quelqu'un, Joseph Lasserre, des Passettes, par exemple, lui avait dit m'avoir rencontré avec Merlette dans le Jougla? — Je glissai la main dans la poche de mon pantalon et en retirai la lettre de M. le curé de Graissessac.

— C'est de la part de M. Matheron, mon oncle, lui criai-je, me précipitant.

— Du respectable M. Matheron?

Sans remarquer que l'épître n'était pas cachetée, il l'étala sous ses yeux. Chose singulière! sa joie était telle à mesure qu'il avançait dans la lecture de ce papier un peu chiffonné, un peu souillé par-ci par-là, que bientôt il en arriva à articuler tout haut les phrases de M. Alexandre Matheron.

— Comprends-tu ça, mon Jean, comprends-tu ça? me dit-il, fiché dans les dalles.

— M. le curé de Graissessac est si bon! balbutiai-je.

— Assurément, c'est à ses vertus éclatantes plus qu'à mes pauvres mérites que Dieu a accordé la grâce de l'entrée de Merlette à l'Orphelinat de Saint-Gervais. Quelle consolation pour Virginie Merle, à qui sa fille donne tant de souci, de la savoir désormais dans une maison chrétienne, à l'abri des entreprises du Démon!

— Du Démon?...

— Mon enfant, sans croire Merlette aussi coupable que la croient coupable Catherine Ramel du *Feu-Grisou* et le respectable M. Matheron, je vois clairement que Galibert la poursuit. Or le Démon est toujours de compagnie avec les garçons qui poursuivent les filles. Si ton innocence, cette fleur qui brille en toute ta personne et de laquelle Prudence et moi prenons un soin jaloux, ne me commandait une discrétion absolue sur certaines choses fort attristantes de la vie, je te dirais à quoi les poursuites d'un jeune homme exposent une jeune fille...

— Vous pouvez me le dire, mon oncle ; je vous assure que je n'en persisterai pas moins à me conduire selon votre volonté.

— Cela n'est pas possible, mon enfant : il est des coins obscurs de la vie que je te découvrirai peut-être un jour, mais que j'ai le devoir de te tenir encore cachés.

— Pourquoi, mon bon oncle ?

— Parce qu'en ces coins obscurs réside la tentation qui perdit l'homme, et que tu ne seras que trop tenté.

— Et qui me tentera, mon oncle ?

— Qui, mon Jean ?...

— Oui, qui ?

— La tentatrice du genre humain, elle !

— Elle ?

— La femme, celle dont il est écrit dans l'*Ecclésiaste* : — « Elle est plus amère que la mort. »

Ce dernier mot me fit trembler, et mes lèvres, lourdes et froides, ne hasardèrent plus une question. Pour mon oncle, il avait replié la lettre de M. Alexandre Matheron, l'avait déposée sous le chandelier d'où, le matin, il retirait l'argent des messes de la Sainte-Barbe, puis s'était assis.

— Voyons si Prudence a réussi les nœuds, ce soir, me dit-il, m'envoyant un regard pétillant de joie.

Les nœuds avaient beau les relever en de rares circonstances, ces collations des jours de *Vigile et Jeûne,* en tout semblables aux collations du carême et des *Quatre-Temps,* n'en demeuraient pas moins des repas fort chiches, fort dénués. Des châtaignes du Jougla bouillies, des laitues de notre jardin cuites à l'eau, des lentilles ou des pois de Carlencas à la vinaigrette. Ce soir-là, en dépit de Prudence qui tournait autour de la table, guettant l'appétit de M. le curé et lançant de temps à autre, comme à la dérobée, un nœud dans son assiette, ce soir-là, mon oncle ne mordait que très indolemment à sa pâtisserie préférée. Moi-même, l'estomac gonflé par mes souvenirs du *Feu-Grisou,* je ne mangeais guère, et regardais au hasard, tantôt ici, tantôt là, tantôt je ne sais où. Deux ou trois fois, mes yeux vagabonds rencontrèrent les yeux vifs et purs de mon oncle arrêtés sur moi. Allait-il m'interroger, m'arracher le récit de mon abominable journée?...

— Prudence, dit-il tout à coup, j'ai laissé quatre ou cinq personnes au confessionnal. Je tombais d'inanition. Je vais retourner à l'église; mais, avant, j'ai quelques mots à dire à mon neveu. Éloignez-vous.

Notre gouvernante partie, mon oncle m'enveloppa, me pénétra d'un nouveau regard, chaud celui-là et paternel ; puis, avec une gravité affectueuse :

— Jean, depuis que tu as été confié à ma tendresse, je me suis complu à préserver la pureté, la virginité de ton âme de tout ce qui aurait pu la souiller. Tu n'as jamais entendu ici un mot capable de te troubler dans cette tranquillité bienheureuse que l'enfant apporte du ciel avec lui. Grâce à tant de précautions prises, tu vis encore dans cette paix dont la bonté de Dieu environne la créature qu'elle envoie aux épreuves, aux dangers, aux angoisses d'ici-bas. Mais ce bien-être divin, où il nous a été permis, à Prudence et à moi, de te maintenir, d'autres l'ont connu comme tu le connais, et ne s'y sont pas maintenus. Si tu savais les espérances qu'il y a quelques années à peine, à l'époque de sa première communion, me fit concevoir ce Galibert des Bassac ! Il était pieux, obéissant, empressé à toutes les œuvres de notre sainte religion. Un jour, cet enfant, qui, à cause de l'humilité de sa condition, — ses parents mendient leur pain au seuil des portes, — était mon enfant préféré, parla avec une fille, puis avec une autre, puis avec Merlette, et les trente-six enveloppes sous lesquelles j'avais pris plaisir à le cacher, éclatèrent à la fois. Peut-être en est-il ainsi partout, en ce monde que Dieu a maudit; dans tous les cas, je puis affirmer qu'en nos montagnes cévenoles, les filles perdent les garçons.

— Mais alors, mon oncle, vous devriez vous occuper surtout des filles, pour les empêcher...

— Et crois-tu, mon enfant, que je me sois épargné à les avertir, à les morigéner, toutes ces filles, depuis Camplong jusqu'aux Passettes ! Mes reproches, mes menaces ont passé comme le vent, et les filles ont continué à se montrer aux garçons, à les envelopper de leurs rires ou de leurs manières, comme des serpents, pour les étouffer. Et, tiens ! cette Merlette que j'ai tant sermonnée, prêchée, catéchisée... Un vieux théologien nous l'a dit : — « La femme, c'est du feu, *tanquam ignis mulier.* »

— Vous avez raison, mon oncle, la femme, c'est du feu, répétai-je, pensant aux baisers de Merlette qui m'avaient brûlé la peau.

— Heureusement, mon fils, par une faveur d'en haut bien due à la persévérance des prières de Prudence et des miennes, tu n'as pas encore été touché par les flammes de l'Enfer. Continue de mener en Dieu l'existence que tu mènes et évite de te tourner du côté des femmes et des filles, car c'est se tourner du côté de la damnation.

— Je ne me tournerai jamais de ce côté-là, mon oncle, je vous le promets.

— A présent, recueille-toi, et, puisque te voilà absous, blanc comme la neige, « parfumé comme le Liban, » prépare-toi à faire une sainte communion cette nuit.

Sans que j'en eusse le sentiment, sans qu'il me fût possible dès lors de les contenir, de mes paupières débordées, de grosses larmes, des larmes larges et rondes comme des sous, parsemèrent la nappe devant moi.

XVI

MON oncle me considéra avec une attention mêlée d'inquiétude; puis, me souriant :

— Quel chagrin ! quel chagrin ! Aurais-tu oublié l'aveu de quelque péché mortel ?

— Non, j'ai tout dit.

— Sois béni, cher enfant, pour ta sincérité absolue au saint tribunal de la Pénitence !

— Pourtant...

Un sanglot me fit rentrer la voix dans la poitrine.

— Pourtant ?... interrogea-t-il.

— Je vous le jure, c'est la faute de Merlette...

— Que veux-tu dire ?

— Sans Merlette...

Un deuxième sanglot me rendit muet.

Prudence entra avec une autre pyramide de nœuds blanchis d'une couche de sucre très mince, très parcimonieuse, lançant des jets de fumée aussi fins, aussi légers que des plumules d'oiseau. Notre gouvernante, à qui n'avait pas échappé mon attitude accablée, déposa son plat sur la table lentement, très lentement. On n'en pouvait douter, elle eût voulu demeurer là, écouter, savoir, intervenir, batailler pour moi s'il le fallait. Mais mon oncle, grand admirateur d'un tome du pape Paul IV intitulé : « *Des moines, De monachis;* » lecteur assidu du chapitre septième de cet ouvrage : « *De la réfection des moines, De refectione monachorum,* » où il est recommandé aux clercs, quel que soit l'Ordre où ils sont engagés et quel que soit le rang qu'ils y occupent, « de ne jamais manger en présence d'une femme, » mon oncle souffrait malaisément que Prudence assistât à ses repas. Il fit donc le geste solennel dont il était coutumier, et nous nous retrouvâmes seuls.

— Sans Merlette ?... me demanda-t-il.

Les cinq minutes mises par Prudence à

placer cérémonieusement son plat au beau milieu de notre table ronde, à changer de place les huiliers, les salières, pour rendre plus facile à M. le curé l'assaisonnement d'une salade de pois chiches, — c'étaient des pois chiches ce soir-là, — avaient suffi à me redresser, à me rendre la possession de mes esprits. Je devinai à quel abîme je courais en persistant à parler de Merlette, et je tournai bride.

— Sans Merlette ?... insista mon oncle, dont les dents, demeurées saines et nettes dans l'affaiblissement général de la machine, dédaigneuses des pois chiches, essayaient deux nœuds à la fois.

— Je veux dire que, sans Merlette, je serais rentré plus tôt...

— Tu l'as donc rencontrée ?

— Elle glanait par le Jougla... J'ai rencontré aussi Julot et Milou avec le troupeau.

— T'a-t-elle parlé, Merlette ?

— Oh ! elle me parle quelquefois...

— Souvent ?

— D'ordinaire quand elle sort de l'église, le dimanche, après le catéchisme...

— Que te dit-elle ?

— Je ne sais plus... Aujourd'hui, dans le Jougla, elle me contait que ça n'allait pas fort, sa glanerie...

— Et toi, que lui répondais-tu ?
— Rien...
— Je suis sûr que, te souvenant de mes recommandations à l'endroit des filles de la paroisse, tu ne la regardais même pas.

— Elle voulait me décider à la regarder ; mais moi, je tenais les yeux baissés...

— Comment, elle voulait te décider ?...
— Elle n'est pas si jolie, il me semble !
— Alors, tu sais, toi, mon Jean, si une fille est laide ou jolie ?

— Oh ! non, mon oncle.
— A la bonne heure, mon cher enfant ! Ta candeur, que rien n'a altérée, que rien n'altérera, me réjouit jusqu'au fond de l'âme. Comblé des grâces d'une absolution toute fraîche, tu resplendis à mes yeux comme « le soleil se levant dans sa gloire, *sol oriens ex alto...* »

Il s'interrompit, allongea la main d'un mouvement furtif, prit un nœud, et, le tournant, le retournant, me dit avant de le manger :

— Maintenant, pour ce qui est de Merlette, mon pauvre Jean, je crains que tu ne te trompes en ne la trouvant pas jolie. Cette fille de Virginie Merle est non seulement jolie, mais elle est belle. Quoi de plus parfait que ce minois mutin, espiègle, où l'intelligence et l'esprit, par une faveur accordée rarement à nos paysannes, sont marqués dans chaque trait! Il me vient une idée : comme je te reconnais robuste dans les sentiments où il m'a été permis de t'élever par la bonté de Dieu, je veux, sans plus de retard, mesurer ta force. La rude épreuve à laquelle je vais te soumettre, te fera sentir le danger qui nous peut arriver de la femme, à nous tous hommes fragiles que nous sommes. Durant le réveillon de cette nuit, je t'autorise à regarder Merlette une fois. Vois, examine, sonde, pénètre, et le mal qui nous peut advenir d'une créature faite autrement que nous, qui paraît nous ressembler et qui, en réalité, ne nous ressemble point, te sera révélé. Un mot de la *Genèse* me donne toujours à réfléchir : le mot *ædificavit* appliqué à la création de la femme. Dieu ne *fit* pas la femme comme il *fit* l'homme : il *l'édifia*. Pourquoi cette différence radicale dans l'expression ? J'ai compulsé les Pères grecs, les Pères latins, surtout saint Jérôme, et je n'ai rien découvert... Cependant, en toute humilité, je crois avoir deviné la pensée profonde du Créateur : il a fait la femme plus belle que l'homme, il l'a *édifiée* comme un monument accompli de tous points dans sa forme gracieuse, — pour éprouver l'homme. L'homme, par une noblesse d'origine manifeste, tend vers le ciel irrésistiblement; mais ce ciel radieux, il doit le conquérir à travers les difficultés que lui soulève la femme, plus encline au péché que lui. Tu touches la raison pour laquelle l'Église, dans sa sagesse, n'a pas voulu que le prêtre se mariât. Il devait monter à l'autel et immoler la victime sainte sans être troublé par la vue « des yeux de la femme, plus beaux que le vin, par la vue de ses dents, plus blanches que le lait, *pulchriores sunt oculi ejus vino, et dentes ejus lacte candidiores.* »

— O mon oncle, cela est magnifique !

— Le texte est extrait du quarante-neuvième chapitre de la *Genèse*, et il est magnifique, en effet. Dieu lui-même a écrit les Saintes Écritures par la main de ceux qu'il avait dès longtemps élus.

Prudence reparut.

— Eh bien ? lui demanda mon oncle.

— Croyez-vous, monsieur le curé, qu'il soit nécessaire de mettre du chocolat dans ma crème ? s'informa notre gouvernante, tortillant son tablier d'un air piteux.

— En avez-vous mis, du chocolat, l'année passée ?

— L'année passée, les temps avaient été moins mauvais que cette année. Souvenez-vous que la récolte des châtaignes...

— Mettez du chocolat.

— Jésus-Seigneur-Dieu ! il m'en faudra des billes et des billes pour tant de monde...

Mon oncle se contenta de lever la main. La vieille servante, maugréant, regagna la porte de la cuisine, dont elle chassa derrière elle le battant avec fureur.

— Ah ! cette Prudence ! cette Prudence !... soupira mon oncle. Eh quoi ! pas de chocolat dans la crème, justement aujourd'hui que Merlette assiste au réveillon !... Cela est singulier, ajouta-t-il après un silence et comme se parlant à lui-même, je ne puis m'empêcher de penser à cette chère petite glanant à travers les châtaigneraies des Bassac comme Ruth parmi les champs de Booz. Je l'aime, moi, cette enfant, en dépit des défauts dont je n'ai pas su la corriger, et il m'en coûte de la voir partir pour l'Orphelinat de Saint-Gervais. Je faisais des démarches, certes, mais avec le secret espoir qu'elles n'aboutiraient pas, et que Merlette, qui ne m'écoute guère, ne me quitterait jamais. C'est plus fort que moi : les pauvres m'appartiennent, et on m'arrache quelque chose quand on me les prend. Monseigneur nous annonçait, à la dernière Retraite ecclésiastique, que le gouvernement est dans l'intention d'augmenter les desservants. Si le gouvernement m'augmentait assez, quelle fête dans la paroisse pour ceux qui me tiennent aux entrailles, depuis Joseph Lasserre et Antoinette Vignole jusqu'à cette Merlette de Virginie !...

Je considérai mon oncle. Il venait de repousser le plat des nœuds et demeurait inerte, réfléchissant.

— Que la volonté de Dieu soit faite, non la mienne ! reprit-il. Après les fêtes, j'écrirai au respectable abbé Matheron pour le remercier. Merlette partira le jour de l'An. Ce seront là mes étrennes : une épine de la couronne de Notre-Seigneur Jésus-Christ. Quand j'aurai mérité toute la couronne, je prierai le Père Céleste de daigner me recevoir dans son sein...

Il tourna vers moi une face pâle, mais lumineuse, la face pâle et lumineuse du Sauveur dans les images de sainteté.

— Tu n'as rien pris, mon enfant, me dit-il. Je ne t'ai pas pressé de manger, sachant que l'excellent M. Matheron ne te laisse pas quitter sa cure l'estomac vide... Maintenant, tandis que je vais confesser quelques personnes des Passettes, enivre-toi seul des grâces dont l'absolution t'a comblé. Je préfère que tu te prépares ici au grand acte de la communion qu'à l'église, toute bruissante de cantiques, où tu pourrais être distrait.

Il plia sa serviette en mitre d'évêque, selon

une vieille habitude du séminaire, la déposa sur la table et fit un pas.

Dire mon angoisse horrible en voyant mon oncle s'éloigner, est chose pour laquelle il n'existe d'expression dans aucune langue. Je me sentais glacé, puis d'affreuses idées — une épouvantable, monstrueuse : me présenter à la sainte table et, malgré mon indignité, recevoir la communion — me martelaient le cerveau.

— Mon oncle!... murmurai-je, comme sa main touchait le loquet de la porte.

Je défaillais. Il se précipita.

— Qu'as-tu, mon enfant?

— Merlette...

— Je comprends : ton innocence s'effraye d'avoir à la regarder. Eh bien, mon Jean, ne la regarde pas.

— Je vous assure...

— Tu m'assures que la tentation à laquelle je me proposais de te soumettre te serait trop pénible?

— Merlette...

— Merlette?...

— Merlette m'a empêché...

Le souffle me manqua. J'allais mourir. Je me plantai debout d'un élan.

— Non! non! ce n'est pas elle... C'est moi! c'est moi!...

Je m'affaissai sur le parquet aux pieds de mon oncle Fulcran.

— Monsieur le curé, cria Prudence, poussant la porte du salon, c'est Virginie Merle ; elle vous en contera des abominations sur sa fille et sur notre enfant!

Mon oncle tendait les bras pour me relever ; il les laissa retomber, se raidit, et, dévisageant sa paroissienne :

— Parlez, vous. Qu'avez-vous à dire de mon neveu ?

— Je n'ai rien à dire de M. Jean..., oh! rien à dire, bredouilla la pauvresse. Seulement je voulais savoir, monsieur le curé, si c'est avec votre permission que M. le neveu a acheté à mon méchant sujet de fille cette capette, chez les Ramel, au *Feu-Grisou?*

— Comment! mon neveu a acheté une capette, au *Feu-Grisou ?* s'exclama-t-il, abasourdi... Êtes-vous folle, par hasard! ajouta-t-il, restituant à la veuve la flanelle du colporteur qu'elle lui avait tendue et qu'il avait prise sans y regarder.

— Quand la petiote m'est arrivée avec cette capette neuve au bout des cheveux, j'ai pensé tout de suite que cet affreux Galibert lui avait fait ce présent. Je le lui ai arraché d'un coup d'ongle, ce présent malhonnête, et, comme elle refusait de rien m'avouer, je suis allée m'expliquer avec Galibert, chez les Bassac. C'est alors que j'en ai appris, des choses tristes, tant sur Merlette que sur M. Jean !... Ce M. Jean de la cure, que j'aurais mis en niche comme un saint !...

— Qu'a-t-il fait ? interrogea mon oncle rudement.

— Oui, qu'a-t-il fait ? insista Prudence.

Et, d'un ton où la menace était peu dissimulée :

— Attention, Virginie ! Vous vivez pour la moitié de votre vie des charités de M. le curé, et, si vous osiez calomnier son neveu !...

— Excusez-moi... Peut-être que ce Galibert des Bassac m'a menti d'un bout à l'autre de son histoire... C'est un si piètre garçon, ce Galibert, porté à tous les vices...

Balbutiant, tête basse, l'échine pliée comme une chienne de ferme qui vient de sentir le bâton et le redoute encore, elle reculait, reculait toujours, les mains portées en arrière pour tâter la porte, l'ouvrir, se sauver. Mais mon oncle s'élança, et, la saisissant à l'une des manches de son casaquin de serge :

— Puisque Galibert vous a conté une histoire où il est question de mon neveu, je veux la connaître, cette histoire. Parlez !

— O monsieur le curé, gémit-elle, vous

savez mieux que personne quel garnement il a convenu au bon Dieu de me donner pour fille... Je n'accuse pas M. Jean ; j'accuse Merlette... Merlette, qui malheureusement connaît trop le chemin du *Feu-Grisou*, y a conduit M. le neveu. Là, on a mangé des coques, des barquettes, des biscotins ; là, M. le neveu a acheté la capette à Zidor, et le repas, l'habillement, ont été payés avec les cinq francs d'une messe...

— Tout ça, c'est des calomnies ! hurla notre gouvernante.

Cette scène avait pour moi un caractère tragique, et je n'en avais pas perdu un mot, aplati contre le plancher, perdu dans l'ombre de notre table ronde, me faisant menu, invisible. Mon oncle vint à moi et me toucha à l'épaule légèrement. Quand je dis légèrement, je me trompe, car je sentis le bout de son doigt me pénétrer la chair et me la déchirer comme un clou.

— Levez-vous !

Je me levai.

— Asseyez-vous !

Je m'assis.

— Est-il vrai que vous soyez allé, avec Merlette, à l'auberge du *Feu-Grisou ?*

— Pardonnez-moi, mon oncle...

— Alors, c'est vrai ?

— Oui, mon oncle.

— Est-il vrai qu'avec Merlette, vous ayez mangé, chez les Ramel, des coques, des barquettes, des biscotins ?

— Oui, mon oncle.

— Est-il vrai que vous ayez acheté pour Merlette cette capette que vous voyez là, et que vous ayez payé capette et pâtisseries avec les cinq francs de la messe de la Sainte-Barbe, que je vous avais chargé de remettre au respectable M. Matheron ?

— Oui, mon oncle.

— Je ne vous entends pas.

— Oui, mon oncle, soupirai-je plus haut.

— Je pense, monsieur, qu'après un manquement tout à fait inouï, une sorte de vol, vous n'avez pas osé vous présenter au tribunal sacré de la Pénitence ?

La bouche me brûlait. Je fus impuissant à articuler un mot.

— Vous êtes-vous présenté au tribunal sacré de la Pénitence ?

— Oui, mon oncle.

— Ah ! mon Dieu !... gémit-il, plus livide que Jésus-Christ après que le soldat romain lui eut percé le flanc et que la dernière goutte de son sang se fut épanchée.

Cette extrême douleur me fit oublier ma douleur, et mes lèvres, d'une rigidité, d'une lourdeur de bronze, s'assouplirent pour laisser couler le flot qui les débordait.

— Je vais tout vous conter, mon bon oncle Fulcran, m'écriai-je, je vais tout vous conter. Voici mot pour mot ma confession...

— Je vous défends de me révéler votre confession ! interrompit-il en reculant. Dieu vous a entendu une fois, c'est assez. Avouez-moi seulement si vous avez été absous de vos péchés et si vous devez recevoir la sainte communion cette nuit.

— Non, je n'ai pas été absous ! non, je ne dois pas recevoir la sainte communion cette nuit !

Les traits morts de mon oncle se ranimèrent; avec le dernier membre de ma phrase, le sang inonda son visage, où reparurent les rougeurs de la vie. Il m'étreignit de toute la vigueur de ses bras débiles.

— Cher enfant, si tu pouvais savoir la peur que tu m'as faite, si tu pouvais le savoir !... balbutia-t-il en proie à une émotion qui m'était bien cruelle, encore que je n'en pénétrasse ni le motif ni la profondeur. J'ai craint que le Démon, dont tu as été la proie aujourd'hui, ne te conduisît à une communion sacrilège. Mais Dieu, plus vigilant et plus fort que le Tentateur, t'a jeté aux pieds du saint abbé Matheron, t'a ouvert le cœur par un coup de sa grâce, et le mal que l'Esprit malin y avait infiltré en est sorti jusqu'à la plus mince bribe... Cher enfant !...

Il sanglotait.

Chose singulière ! tandis que Virginie Merle et Prudence, bouleversées par les larmes de M. le curé, pleuraient bruyamment, moi, plus surpris que touché, je demeurais devant mon oncle, l'œil sec, l'air indifférent. J'ignore à quoi je pensais, si même je pensais ; ma vie morale était suspendue.

— Dans mon enfance, reprit-il, préoccupé sans doute de remettre mon esprit d'aplomb, ma mère, après je ne sais quelle incartade la veille de Noël, pour me punir, me priva de la messe de minuit, me mit à « la chapelle blanche, » comme on appelle cela chez nous, par une allusion poétique aux rideaux blancs du lit où on est condamné à se coucher. Je te mets à « la chapelle blanche, » mon Jean ; non certes pour te punir, mais pour éviter le scandale que ton absence de la sainte table serait capable de soulever dans la paroisse. Il est bon d'entendre trois messes à Noël ; trois messes pourtant ne sont pas de rigueur. Tu assisteras à « la messe de l'aurore. »

— Moi aussi, dit Virginie Merle, je vais mettre ma petiote à « la chapelle blanche. »

— Cela lui apprendra à entraîner notre enfant à toutes les horreurs du *Feu-Grisou*, grommela Prudence.

— Assez sur ce chapitre, interrompit mon oncle... Virginie, poursuivit-il, je viens d'apprendre par M. le curé de Graissessac qu'il y a enfin une place pour Merlette à l'Orphelinat des sœurs de la Croix. Vous la conduirez à Saint-Gervais le jour de l'An. Je vous remettrai une lettre pour Mme la Supérieure.

— Ah! monsieur le curé, que le bon Dieu vous le rende! murmura la veuve, fléchissant les genoux à moitié pour remercier.

— Tenez! lui dit-il.

Il recueillit sur une chaise la capette de Siebel.

— Vous donnerez ça à Merlette, en lui recommandant d'être plus sage à l'avenir.

Virginie battit en retraite. Dix heures sonnant à notre pendule, mon oncle regagna le confessionnal.

XVII

QUELS singuliers contrastes dans la nature humaine! Prudence me gâte, elle me *pourrit* de tendresse, pour rappeler une expression patoise de chez nous, elle écharperait quiconque se risquerait à m'attaquer, et maintenant, quand mon oncle est parti et que je halète encore de l'algarade, elle est muette comme un terme au bout d'un champ. Elle va, vient, besogne avec des casseroles, des plats, et ne souffle mot. Elle ne se foulerait pas la langue, voyons, si elle me disait trois paroles seulement, si elle me consolait un brin... Allons, elle me regarde, en écrasant dans une petite bassine des billes de chocolat. Ouvrira-t-elle le bec, à la fin? Point. Elle remue, remue son chocolat, le verse en une jatte de lait tiède et recommence à remuer.

— Faire des crèmes pour ces gens-là, c'est bien dommage, en vérité! ricana-t-elle enfin, haussant les épaules.

— Ça coûte si cher, la crème, n'est-ce pas, bonne Prudence? lui dis-je.

— Qu'est-ce que cela fait à M. le curé? Les mille et les cent ne lui sont de rien, pourvu que les autres les mangent. C'est comme ça : il a pris ce vice de la bienfaisance au béguin, il le laissera au suaire.

— Alors, c'est un vice, la bienfaisance?

— Quand on donne tout, pardi!

— Et les saints de la *Vie des Saints?*

— Tu as raison, petiot; mais tout de même je ne puis m'accoutumer à voir notre pitance combler toutes les bouches de la paroisse.

— Vous n'êtes pas une sainte, vous, comme mon oncle Fulcran est un saint.

Son bras s'arrêta net.

— Et pourtant, ajoutai-je très bas, vous devriez être un peu honteuse, car vous avez eu l'absolution aujourd'hui à Saint-Étienne-de-Mursan.

La cuiller lui tomba de la main, et ses yeux

se troublèrent. Mon coup avait porté plus profond que je n'aurais voulu. Nous fûmes silencieux durant de longues minutes. La vieille servante arrangeait sur la grande table de notre cuisine, recouverte d'une nappe épaisse, aux plis rigides et durs, les pièces diverses du réveillon. Au milieu, sur une planchette de frêne enveloppée d'une serviette étincelante de blancheur, tout l'arrière-train d'un mouton rôti la veille, avec sa petite queue relevée en croc; de chaque côté de ce quasi-monument de chair appétissant et magnifique, en d'épaisses faïences rouges, deux dindes superbes habillées de belles chemises de lard fin, dont les crevasses nombreuses laissaient par-ci par-là transparaître la peau, dorée aux larmes bleuâtres du flamboir par mon oncle, un merveilleux rôtisseur; la tourte en sa tourtière nouvellement étamée; des bouteilles de notre vin ordinaire disséminées de droite et de gauche...

— Mon petiot, me dit Prudence, j'ai bien regret de t'abandonner seul à la maison... M. le curé a des idées! Tu n'auras pas peur, au moins?... Que veux-tu, ton oncle n'ose pas te montrer à l'office de minuit. Ça se comprend, à cause du bon exemple que tu dois donner à la paroisse et que tu ne lui donnerais pas aujourd'hui. Mais la grand'messe sera bientôt chantée, la messe basse bientôt dite, et nous rentrerons tous pour ce réveillon... Ne *languis* pas, en nous attendant... Tiens! je t'ai laissé quelque chose au fond de la bassine et quelque chose aussi au fond de la cuiller. Coupe-toi un quignon de pain et frotte... Il est plus de onze heures, et peut-être conviendrait-il que je ne m'attarde pas plus longtemps à tous ces pots. J'ai un bon bout de préparation, avant de marcher vers la sainte table. Que d'imperfections M. Victor Beaumel m'a fait toucher dans ma vie, que d'imperfections!

Avec ce mot, elle saisit son bâton en un coin, ouvrit la porte d'entrée du presbytère, et s'en alla.

Les sabots de Prudence retentissaient encore sur les marches de l'escalier extérieur, car la cure est bâtie en contre-bas de l'église et du cimetière, que, me précipitant sur une corbeille où notre gouvernante avait débité en menus morceaux une de nos grosses miches rondes, je happai une longue lichette de pain et me mis à frotter, à frottter toujours dans la bassine, dont le cuivre se fourbissait à vue d'œil. Quel appétit! Non, jamais loup affamé de Bataillo, croquant sa chèvre ou son mouton à l'entour des bergeries des Bassac, ne mangea de ces dents enragées. Ah! elle était loin, la dînette du *Feu-Grisou!* Maintenant, le cœur plus tranquille, — la dénonciation de Virginie Merle l'avait allégé d'une charge si lourde! — j'aurais dévoré des clous de Graissessac. Cela est si vrai que, le chocolat dépêché, je sautai sur un restant de pois chiches, serré dans un placard, et d'un tour de langue l'engloutis.

Ce repas farouche me laissa sur ma chaise, repu, un peu abruti. Au fait, ne venais-je pas de me conduire comme une brute, capable seulement d'obéir à l'instinct? Penaud, je voulus protester contre un état dont je n'étais pas coutumier et, d'un brusque effort, me plantai debout. Par malheur, me trouvant à côté de la table du réveillon, sans avoir la notion bien nette de mon audace singulière, j'avais vidé jusqu'à la dernière goutte une petite bouteille de frontignan qui s'était trouvée sous ma main, et mes jambes se dérobaient. Après des zigzags ridicules, qui auraient pu me jeter dans le foyer, où brûlait tout un tronc, — la bûche de Noël, — j'allai m'abattre sur une planche engagée dans le mur, sous le manteau de la cheminée.

Et après?

Après?... Ma foi, je serais bien en peine d'en dire plus long. La chaleur de la bûche de Noël pénétra, imbiba ma digestion pénible; je goûtai un bien-être un peu accablé, non sans douceur, et finalement m'endormis. Je dus rêver, le fourneau étant bourré jusqu'à la garde. A parler franc, je ne me souviens de rien. Combien de temps demeurai-je ainsi pelotonné dans ma niche, les talons aux braises du foyer? Un instant, hélas! car, au plus profond d'un anéantissement délicieux, une explosion terrible me réveilla en sursaut, violemment...

Je regardai, effaré. La bouteille vide de frontignan venait d'être brisée, et des fragments de verre étoilaient le sol de toutes parts; de plus, quelques morceaux de pierre parsemaient la nappe du réveillon; j'en découvris un incrusté au manche d'un des gigots, à un endroit que mon oncle aimait beaucoup et vulgairement appelé la *souris*. Mais d'où provenaient ces débris à facettes brillantes, aigus, coupants? Je recueillis, un à un, ces grains malencontreux, et, en prévision d'un nouvel accident, je venais de recouvrir d'une serviette et le mouton, et les dindes, et la tourte, quand un second pétard éclata. Les cendres volaient en fumée autour de moi. Je ne pus m'empêcher de rire. C'était la bûche de Noël qui faisait des siennes et célébrait la Grande Naissance à sa façon.

Le châtaignier est le roi de nos montagnes, il s'est emparé de proche en proche de notre terre cévenole et l'occupe despotiquement.

Son vaste tronc, rugueux, écaillé, se montre partout, étendant sur nos campagnes des bras énormes qui les embrassent avec amour, jalousement. Quel éclat, dès les premières tiédeurs du printemps ! De magnifiques bourgeons gommeux paraissent au bout des branches, où, touchés du soleil nouveau, ils éclatent semblables à de grosses pierreries. Puis viennent les feuilles, tendres d'abord et blanches comme le lait, robustes ensuite et vertes comme l'herbe des prés. Vers mai, des rameaux bruissants ombragent tout le pays, décorés de délicates pyramides en fleur. Fonjouve n'est qu'un bouquet, et le Jougla se déploie jusqu'au ciel, qu'il va embaumer de ses parfums capiteux. Il faut voir la joie de nos paysans à cette nature renouvelée, qui leur promet toutes les richesses, car l'abondance des châtaignes, en nos contrées, c'est la porcherie grasse et pesante, la volaille arrondie pour le marché, le mulet pourvu d'avoine, c'est chacun faisant rebondir, sur son ventre plein, un gousset sonnant ! Le châtaignier se complaît à ce point en nos monts d'Orb rocailleux, qu'après en avoir aspiré les sucs nourriciers, s'il trouve quelque silex perdu aux couches schisteuses du sol, il l'enveloppe de ses racines, le filtre, l'épuise comme le reste, et le garde. Cela explique comment il arrive que, des souches ayant été mises au feu, les pierres à fusil noyées en des masses ligneuses détonent comme des bombes, blessent les gens, endommagent le vaisselier.

En ramassant sur le carreau de la cuisine les débris, jusqu'aux poussières du verre cassé, je fis une fort ennuyeuse découverte. La bouteille atteinte par le projectile de la bûche de Noël était justement cette fameuse fiole mince de capacité, mince d'étoffe, que mon oncle, remontant ce matin de la cave, avait mise en réserve pour Merlette. — Merlette! — Ce simple nom, me venant en mémoire malgré que j'en eusse, me donna le frisson, et, pour fuir le souvenir de cette vilaine fille, cause de tant de maux, je courus me blottir sur mon banc à l'angle de la cheminée, et, bien assis là, bien casé de la tête aux pieds en ce coin douillet et chaud, j'essayai de me rendormir. Mais, bast! j'avais beau fermer les yeux, je ne retrouvais plus l'assoupissement où je m'étais étendu âme et corps, de tout le long de ma bête, et qui avait fini par un sommeil à poings fermés. Merlette était là, je la voyais, je l'entendais, et ne pouvais me déprendre d'elle absolument.

— A la fin! m'écriai-je, furieux.

Et pour me punir de « retourner à mon vomissement, » comme s'exprimait mon oncle reprochant à Prudence de succomber sans cesse à son péché habituel d'avarice, je me heurtai la tête contre la muraille noire de suie. Je me fis beaucoup de mal; mais j'eus quelque répit dans la tentation, et de longues minutes je m'amusai à voir flamber la bûche de Noël, tranquille, apaisé, admirant les braises qui s'écaillaient, dégringolaient sans bruit à mes pieds...

Tiens! la lune. Eh bien, elle paraît à propos ici, car j'allais être obligé de me déranger de nouveau pour prendre un bout de cierge dans le panier où je jette les restes de l'autel. — Quand les cierges n'ont plus que deux pouces, qu'ils ne font plus bonne mine dans les hauts candélabres de l'église, les fabriciens autorisent mon oncle à achever de les brûler au presbytère. — C'est la même lune étirée, menue, recourbée, qui tantôt illuminait gaiement le Jougla; la même qui tantôt, aux bergeries des Bassac, encadrait si gentiment les visages endormis de Julot et de Milou. Étaient-ils beaux, vautrés dans le foin, les deux aides de Galibert! Peut-être aurais-je dû les réveiller et leur apprendre comment se conduisait leur sœur. — Au fait, comment se conduisait-elle? — Je n'en sais rien.

Mais là, à ma gauche, sur la planche du pétrin, qu'est-ce que je vois? Cela brille sous un rayon venu de la fenêtre comme la patène d'or du calice essuyée par mon oncle, après la *Communion.* Dieu du ciel, c'est la crème au chocolat! Les blancheurs indécises de la lune décrivent des images tremblotantes à la surface de cette gourmandise étalée en un immense plat. On croirait ces changements fantastiques qui, à chaque mouvement de l'officiant, se produisent sur le voile, le luxueux voile de soie que mon oncle revêt au moment d'élever l'ostensoir sur la paroisse prosternée. Cette étoffe, d'une richesse incroyable, sortie de la maison Dime, à Lyon, et envoyée en un coffret par M. l'abbé Philibert Tulipier, s'appelle de la *moire,* paraît-il...

Il est bien évident que la crème au chocolat a beau me regarder avec son œil de cyclope, très noir et très lumineux, je n'y toucherai en aucune façon. Cette crème est la grande surprise de mon oncle à ses pauvres; elle est sacrée. C'est Merlette qui en eût avalé une pleine assiettée, si nos fredaines de la journée ne lui fermaient la cure cette nuit! Je la vois se pourléchant ses lèvres de chatte ravie. Tant pis pour elle! Elle est à « la chapelle blanche, » c'est-à-dire au lit; tant pis pour elle!... Le Démon rôde donc encore autour de moi, que je recommence à m'occuper de cette fille de Virginie et de Benoît Merle? Je ne dois plus la voir, et, je le jure devant Dieu, je ne la verrai plus...

Bon! la lune se voile. Et mon cierge qui s'est éteint! J'allume un autre bout... Eh! eh! dans cette brusque obscurité, l'épouvante me gagnait déjà. En ouvrant le placard où se trouve le panier aux débris, ne m'a-t-il pas semblé qu'on grattait à la porte? — Il ne manquerait plus que, sachant mon oncle et Prudence à la messe de minuit, quelque voleur... — Il faut être bien poltron pour avoir peur, car j'y vois ici comme en plein jour. Ma main cherchant à tâtons pouvait cueillir, dans le panier, je ne sais quel maigre fragment de cire; mais elle est tombée sur le restant du cierge pascal de l'an dernier, gros, épais, avec une mèche de quinquet...

C'est égal, j'ai beau m'efforcer de demeurer tapi en mon gîte, sous le manteau de la cheminée, d'y rêver, je ne le puis. Dans le silence formidable qui m'enveloppe, le bruit d'une souris trottinant dans le salon — nous en avons beaucoup, de souris, malgré notre chat *Cascaret* — m'émeut; puis, je vous l'assure, quelqu'un souffle, respire derrière la porte d'entrée. Voici ce que c'est que d'avoir repensé à Merlette : Dieu m'envoie quelque bandit de grand chemin pour me châtier.

Je me lève transi, n'y tenant plus, et veux traverser la cuisine pour aller me coucher. Qu'il me serait doux de « faire chapelle blanche! »

Ils ne vont pas mal, mes pas de loup sur la pointe des orteils... Je bâille... Comme je vais dormir!... Ah çà! mais on parle de l'autre côté de la porte, sur l'escalier extérieur de la cure... Je m'arrête... J'écoute... Je perçois un murmure très sourd, oh! très sourd... Je colle une oreille au trou de la serrure. Cette oreille est tout aussitôt remplie :

— Monsieur Jean!... monsieur Jean!...

Je ne me sens pas de joie. Je fais sauter la cadole et j'ouvre.

C'est elle! C'est elle!! C'est elle!!!

XVIII

J'AVAIS bien envie, la voyant plantée au pas de la porte, un peu honteuse, de lui dire d'entrer, mais je n'osais pas. Ce fut elle qui se décida, et d'un bond franchit les trois marches accédant à la cuisine. Elle s'empara de ma main, puis elle me conduisit vers le foyer. J'aurais dû l'y conduire moi-même; malheureusement, soit trop grande surprise, soit trop grand contentement, je ne savais rien faire de ce qui convenait. Une fois devant la bûche de Noël, laquelle, à ce moment, eut un éclat de réjouissance, elle me laissa aller, et s'élança vers la stalle de frêne, où elle se pelotonna, ramenant son jupon par peur de le roussir au feu. Il fallait qu'elle se fût bien enfoncée dans notre niche de la cheminée : elle y disparaissait presque. Du reste, cette Merlette diabolique était ainsi bâtie que, de quelque façon qu'il lui plût de s'arranger, quelque attitude qu'il lui plût de prendre, elle restait toujours infiniment gracieuse, infiniment charmante. A présent, ramassée sur la planchette de mon oncle, — dans les longues soirées d'hiver, quand le mauvais temps empêche Vincent Bassac de venir faire chez nous sa partie de *brisque,* c'est sur cette planchette que sommeille mon oncle, — à présent, ne dirait-on pas d'un paquet de chiffons ? Oui, certes, on le dirait. Mais quel ravissant paquet ! En haut, deux yeux plus brillants que ces étoiles d'un noir de jais que forme aux murailles des cheminées la suie lentement amassée, lentement cristallisée; en bas, deux jambes, moitié nues sous l'affaissement des bas trop amples, d'un dessin délicat, ballant dans l'espace avec d'immenses sabots dont le talon rase le sol. Les pieds de Cendrillon dans les bottes de l'Ogre du *Petit Poucet.* Est-ce assez joli, ça !

— Monsieur Jean !...

C'est toujours sa voix vibrante de chardon-

neret, partie de dessous la capette de Siebel.
Je suis trop sot, et je me tais. Elle dégage l'un
de ses bras, et le bout de son doigt m'appelle
par un signe.

— Que veux-tu ?

Est-ce moi qui ai parlé ? C'est moi certainement, car elle me répond, continuant son geste
de toute la main cette fois.

— Venez, monsieur Jean.

Je m'en garde bien ! Je reste fiché à ma
place, regardant, non du côté de cette fille,
mais du côté de la bûche de Noël, qui persiste
à flamber comme un fagot de sarments secs.
La petite masque entend être obéie. Elle se
lève, me saisit ainsi qu'à son entrée chez nous,
m'attire à elle. Elle m'attire tant et si bien que
nous tombons sur le siège de frêne, moi
d'abord, elle ensuite, serrés l'un contre l'autre,
mêlés ensemble véritablement.

— Ah çà ! est-ce que tu vas t'asseoir sur mes
genoux, par exemple ? lui dis-je.

— Si vous le vouliez, monsieur Jean ; moi,
je le voudrais bien.

— Je ne le veux pas !

Je la repousse dans son coin, mais d'un bras
mou où la force manque, d'un bras que la
tentation casse de plus en plus. Elle se dresse
debout, et, dans les lueurs vives de la bûche
de Noël, pareille à une perdrix du Jougla

enveloppée en août de rayons rutilants, elle ramage à tue-tête, son bec rose grand ouvert :

— Voyez-vous, monsieur Jean, c'est ce Galibert des Bassac qui est cause de notre malheur. C'est lui qui nous a dénoncés à ma mère Virginie pour la capette et pour le reste. Aussi, soyez tranquille, je l'ai bien reçu, quand il est venu à la maison tout à l'heure. Il savait que « je faisais chapelle blanche, » et il a doucement ouvert notre porte, me croyant couchée. Moi, qui ne m'étais pas mise au lit, je me suis ensauvée à travers les rues. Lui, pour me reprendre, galopait comme un cheval échappé. A la fin, je me suis arrêtée non guère loin de l'église. J'avais peur de rencontrer quelqu'un par là, et cette peur, d'un coup, m'avait coupé les jambes. Galibert me tenait. En sentant sur mon cou, sur mon visage, son haleine de loup, j'ai manqué me jeter dans l'église, malgré les défenses de ma mère Virginie. Mais lui, ainsi qu'il a pris l'habitude lorsque je ne me rends pas à son commandement, d'un tour de main m'a enlevée, m'a assise sur ses épaules plus larges que la barde de Verjus, et s'est encouru si vite, si vite, que, dans la nuit, je ne reconnaissais pas le chemin où nous étions. Pour dire vérité, je ne me trouvais pas mal sur le dos de Galibert, et ça m'amusait de l'entendre souffler sous sa charge, lui qui n'est pas une monture, mais un homme de notre endroit ayant deux pieds tant seulement comme tous les hommes de notre endroit; puis les bras de Galibert, forts comme des branches, me retenaient, et de temps en temps ses doigts me chatouillaient. Je riais, je riais, je riais...

— Tu osais rire?

— Oui, monsieur Jean. Mais voilà qu'au plus fort de mon plaisir, des voix comme des flûtes de berger arrivent à nous. Un noël encore qui traverse la campagne :

> *Il est né, le divin enfant,*
> *Jouez, hautbois, résonnez, musettes;*
> *Il est né, le divin enfant,*
> *Chantons tous son avènement...*

— C'est bien joli, ce couplet.

— Galibert s'arrête; ses bras ne me serrent plus; je glisse sur le sol. Tous les deux nous nous cachons derrière une haie, et nous laissons passer sans leur rien dire Julot et Milou, qui descendent vers l'église en chantant. Mes frères s'en vont, se tenant par la main comme deux anges amis chargés par le bon Dieu d'aller porter de ferme en ferme la nouvelle de la Grande Naissance. Leur gosier monte, monte, pareil au gosier des rossignols, quand, à la prime, le long de l'Espase, ils s'en donnent à bec débridé. Moi, j'écoute encore Julot et Milou, que Galibert tâche de me ressaisir. Je m'élance en poussant de grands cris. Il craint que mes frères ne m'entendent, ne se retournent pour me défendre, et il me laisse. Je l'aperçois qui disparaît à travers le Jougla, vers ses bergeries. C'est là sans doute qu'il me portait, quand le noël de Julot et de Milou l'a empêché d'aller plus loin.

— Alors, ils assistent à la messe de minuit, Julot et Milou?

— Ils sont si gentils! Ils feront la première communion cette année, tandis que moi...

— Tandis que toi, tu ne la feras peut-être jamais?

— Oh! si, monsieur Jean...

— Quand la feras-tu?

— Si seulement je pouvais me déshabituer des garçons!

— De Galibert?

— Non! non!

— De qui?

Elle était demeurée plantée devant moi, ses yeux d'encre mettant dans son visage pâle deux taches noires énormes. Elle se rassit, mais si près, si près, que j'avais beau m'amincir, elle débordait incessamment sur ma personne réduite à rien. Je ne pouvais pourtant pas faire la planchette plus longue, ni forcer la muraille du fond à reculer.

— Tiens-toi donc un peu! lui dis-je, essoufflé et rabattant d'un revers de main un pan de sa robe qui me couvrait les genoux.

— Monsieur Jean!... monsieur Jean!...

— Quand tu répéterais *monsieur Jean* jusqu'à la semaine prochaine, cela ne m'apprendrait pas pourquoi tu ne peux pas te déshabituer des garçons.

Je n'avais pas parlé, qu'un de ses doigts me toucha le menton.

— *Elle* commence! *elle* commence! s'écria-t-elle.

— Qu'est-ce qui commence? demandai-je, abasourdi.

— La barbe, monsieur Jean.

— C'est donc pour leur barbe que tu vas avec les garçons?

— C'est si bon de sentir les pointes d'une barbe vous entrer dans la peau des joues!

— La barbe de Galibert, sans doute?

— Non! non!

— Laquelle?

— Je vous le dirai, monsieur Jean, si vous m'embrassez bien fort.

— Mon oncle permet que je te regarde, mais il ne veut pas que je t'embrasse.

— Et Prudence, qu'est-ce qu'elle veut, elle?

— Elle ne me l'a pas dit.

— Quand j'étais toute petite, je venais à la cure des fois avec ma mère Virginie, les jours de lessive. Vous n'étiez pas chez nous en ces temps-là. Le linge retiré du cuvier, on faisait des savonnages ici, puis on allait laver le tout à la rivière. Il fallait voir les charges que ma mère Virginie portait sur sa tête, en une grande corbeille! Prudence, trop vieille, n'avait qu'un paquet sous le bras, et une de ses mains me retenait pour m'aider à marcher parmi les cailloux ronds de la grave. Eh bien, savez-vous ce qu'elle faisait, Prudence, si je m'arrêtais dans le chemin creux qui mène à l'Espase?

— Que faisait-elle?

— Devinant à mon air que mes jambes étaient lasses, elle se penchait vers moi et, pour me donner du courage, elle m'embrassait.

— Elle t'embrassait?

— Comme ça, monsieur Jean.

— Comme ça? m'écriai-je tout ensemble ahuri et charmé.

— Puis, souvent, arrivés au bord de la rivière, elle me prenait sur elle... Comme ça, monsieur Jean, ajouta-t-elle se posant sur mes genoux avec la légèreté d'une bergeronnette de l'Espase sur quelque caillou, à fleur d'eau.

— Comment? répétai-je, stupide.

— Et c'est alors qu'il en pleuvait sur mon visage des baisers et des baisers. Ma mère Virginie, heureuse de ces caresses à son enfant, riait, et moi, je riais encore plus fort...

Tout en parlant, ses lèvres aiguës comme un bec d'oiseau ne cessaient de piquer mes joues, mes yeux, mon front.

— Merlette! Merlette!...

Elle ne m'entendait pas et continuait. Je parvins à me débarrasser de ses bras, qui me retenaient aussi étroitement que sa bouche, et à me mettre debout d'un grand effort. Mais, comme si, en quelque débauche plus capiteuse que ma débauche au *Feu-Grisou*, j'avais avalé tout le frontignan de mon oncle, le baril entier de la veuve Débru, la tête me tourna, et je retombai sur la planchette de frêne, dans le coin de Merlette, contre le mur. Je vous laisse à penser si le garnement de Virginie Merle s'en donna à cœur joie! Les yeux miclos de honte, je la laissai s'abandonner à des transports qui constituaient autant d'affronts, autant d'outrages à mon innocence, impuissante à se protéger. Je ne sais quel est le morceau de ma figure, de mes mains, où Merlette n'appliqua pas ses lèvres de feu. Quand je ne sentais pas la douceur abominable de ses baisers, j'en entendais le bruit infernal.

— Pour me traiter ainsi, balbutiais-je, tu n'es pas Prudence et je ne suis pas Merlette.

— Heureusement, répondait-elle.

Dieu me secourut à la fin : d'un soubresaut de tout moi-même, je bondis jusqu'au milieu de la cuisine. Mais, je l'ai dit, cette odieuse gamine de Virginie avait toutes les agilités. Je ne m'étais pas débarrassé de la couleuvre enveloppante, sifflante, qu'elle m'étreignait de nouveau et m'empestait de son souffle. C'en était trop.

— Laisse-moi, ou je te tue! lui criai-je, levant sur elle un couteau que ma main, au hasard, saisit sur la table du réveillon.

Elle lut ma résolution dans mes traits bouleversés, car elle me lâcha de toutes ses griffes. Elle fut bien inspirée : je l'étendais raide morte à mes pieds. La tête perdue après ce coup d'énergie sauvage, ne me rendant nullement compte de mes actions, j'ouvris la porte de la cure et me précipitai dehors.

J'allais devant moi, poussé par un vent terrible. Je ne touchais pas le sol. Trois fois, au galop, je fis le tour de l'église sans la voir. Enfin, le froid très vif de cette nuit, aussi claire que le jour par le rayonnement d'astres innombrables, en glaçant mon front nu, finit par me rappeler à moi-même. Notre église se dressait à deux pas de moi, vomissant des flammes par ses quatorze fenêtres. A cette fête de la Grande Naissance, les hommes s'étaient évertués à illuminer la terre aussi splendidement que Dieu illuminait le ciel. Avec circonspection, l'œil furetant à la ronde, je m'avançai jusqu'au portail. Il était entre-bâillé, et, par la fente lumineuse entre les deux battants, passait un bruissement énorme, quelque chose d'assez semblable à ce qu'on entend dans nos campagnes quand les abeilles, en train d'essaimer, se suspendent par lourdes grappes aux branches des amandiers. Ne résistant pas à une curiosité douloureuse, je coulai un regard. Mon oncle Fulcran se tenait debout de toute sa taille sur le marche-pied du maître-autel, vis-à-vis le tabernacle, les bras levés. Il chantait. — Que chantait-il ?

Mon cher oncle avait une voix peu ample, peu développée, incapable d'un long effort, mais d'une fraîcheur, d'une suavité, d'une tendresse qui ne manquaient jamais d'agir sur moi. Il chantait, et j'étais tout à lui, et je lui appartenais...

— ... *Quia per incarnati Verbi mysterium...* modula-t-il très gentiment.

La *Préface !* Ma foi, j'étais tellement séduit, tellement subjugué, qu'au risque d'être aperçu par Prudence agenouillée par là, ou par Vincent Bassac raide dans sa stalle, l'écharpe au flanc, ou par Julot, ou par Milou, prosternés à côté de leur mère, j'écoutai la *Préface* jusqu'au bout.

— *Sanctus! Sanctus! Sanctus!* entonna le lutrin, après l'officiant.

A ce moment, tout au fond de l'église, à trois pas de moi, je démêlai, parmi les têtes rudes des paysans, aux traits amaigris, déprimés par le travail des mines ou des champs, une tête moins rude, toute annelée comme une toison. Serait-ce Galibert, par hasard? C'était lui. Il se tenait là droit comme un jeune peuplier de l'Espase, les yeux au cou des filles penchées en avant, à l'*Élévation*. Franchement, il ne me déplut pas, ce pâtre des Bassac, encore qu'il m'eût dénoncé à Virginie et que j'eusse flairé sa méchante conduite avec Merlette. La lueur partout diffuse des cierges dorait son visage, où tremblait un poil roux léger, peu fourni. Avec cela, l'air très doux, et vous lui auriez donné le bon Dieu sans confesser. Mauvais sujet, va!...

— Monsieur Jean!... monsieur Jean!

Elle!

Enroulée dans mes jambes parmi le monde de l'église, je ne l'avais ni vue, ni sentie.

Je repars. Je rentre. Je referme la porte de la cure à double tour. Me voilà seul. C'est fini.

XIX

Le presbytère étant resté ouvert durant mon escapade à l'église, le vent très vif s'y était engouffré et la bûche de Noël flambait si haut que c'était elle qui éclairait la maison, non plus le cierge pascal. J'eus peur de cette souche de châtaignier du Jougla se donnant des airs de souche d'olivier de la vallée d'Orb, et je la couvris de cendres à pelletées, rondement. Le cierge pascal recommença à briller. Enfin, j'étais en paix. Je n'osais néanmoins remonter dans la stalle de frêne et m'assis sur le perron du foyer. Certes, les braises éparses me chauffaient les côtes ; mais, ma foi, un peu de chaleur me paraissait supportable après le coup de fouet que la bise venait de me cingler au visage à ma sortie. Je demeurai là, la tête vide de pensées, rôtissant à grand feu comme avaient rôti les dindes du réveillon.

Dieu ! que je m'ennuyais ! Je bâillai d'un élan, d'un enthousiasme à me décrocher la mâchoire. Ce fut une révélation : si j'allais me coucher, si j'allais « faire chapelle blanche » pour tout de bon? Un osier de l'Espase qu'on a plié en passant ne se redresse pas plus promptement que je ne me redressai. J'étais enchanté de mon idée. — Ah ! se coucher, dormir, rêver !... — Comme je posais la main sur notre chandelier de buis, un gros chandelier un peu maculé de gouttes de cire, à la bobèche en fer-blanc, d'un calibre énorme pour recevoir les cierges de toutes dimensions, je crus discerner un bruit sourd, quelque chose d'étouffé, — un gémissement. Mon bras demeura en suspens et j'allongeai l'oreille. Rien. D'un geste délibéré j'enlevai le chandelier de buis.

— Monsieur Jean !...

Le chandelier s'en alla de mes doigts, et je ne sais comment je me retrouvai sur la planchette de frêne, les membres tremblants, les mains collées au visage pour ne pas voir autour de moi.

— Monsieur Jean!... redit une voix partie d'un coin de la cuisine où les lueurs du cierge pascal n'arrivaient pas.

Encore!

— Monsieur Jean! se lamenta cette voix diabolique, avant que je me fusse fait à ma peur.

— Eh bien? bredouillai-je.

— J'ai couru plus vite que vous et je suis arrivée la première ici.

— Tu vas partir, je pense.

— J'agirai à votre volonté, monsieur Jean, répondit-elle d'un ton très humble et hasardant trois pas vers moi.

Je me rencoignai de plus belle; puis, un bras porté en avant:

— Va-t'en!

— Alors vous ne seriez pas fâché que Galibert, à l'affût, me prît entre ses dents?

— Que Galibert te mange s'il a faim de toi; cela m'est égal.

— Mais cela n'est pas égal à M. le curé...

— Va-t'en!

— Ni à Prudence...

— Va-t'en!

— Ni à ma mère Virginie...

— Va-t'en!

— Ni au bon Dieu...

— T'en iras-tu, Démon de l'Enfer! m'écriai-je, marchant sur elle.

— Donnez-moi la clef, au moins, pour que je rouvre la porte...

— La voilà!

Et, pour ne pas effleurer ses doigts, je lui lançai cette clef au visage. Mais cette créature de perdition, plus souple qu'une anguille, ne fut pas touchée.

— Bonsoir, monsieur Jean!... me dit-elle d'un accent si triste qu'il traversa ma colère et m'atteignit au cœur.

— Bonsoir, Merlette...

J'aurais dû dire *bonsoir* simplement, mais le mot de *Merlette* m'était venu sur les lèvres et je n'avais pas su le retenir.

Pour elle, qui devinait tout, pénétrait tout, elle ne bougeait aucunement.

— Pars donc!

— Je ne sais pas si je m'entendrai à manœuvrer votre grosse clef dans votre grosse serrure.

— Jette-moi la clef et je t'ouvrirai.

— Vous jeter la clef!... Non, venez la prendre.

— Ah! par exemple!...

— Je reste.

Elle eut un geste mutin qui me révolta.

Pourtant, malgré cette révolte, bien faite

pour me précipiter en avant, je demeurais dans ma niche de la cheminée, tapi, roulé sur moi-même, rasé comme un gibier qui perçoit les aboiements des chiens à travers les taillis de Bataillo. J'acquérais le sentiment d'une défaite complète, irrémédiable. — Qu'allais-je devenir? — Hélas! je n'étais capable de rien tenter contre cette fille, qui m'obsédait, qui menaçait encore une fois de me prendre dans ses filets. Ce mot de *filet*, me traversant la mémoire, me rappela une phrase habituelle à mon oncle Fulcran et tirée d'un texte de l'*Ecclésiaste* : — « La femme est semblable au filet du chasseur, *laqueus venatorum*. » Comme c'était vrai! J'étais enveloppé en des mailles inextricables, dont le plus énergique effort de mon bras ne romprait pas le fil le plus ténu.

Tout en m'abandonnant au courant de ces lâches pensées, mes deux yeux démesurément ouverts, — je les sentais grands dans mon visage à me le remplir tout entier, — mes deux yeux démesurément ouverts dévoraient Merlette, qui, de son côté, me regardait d'un air à me faire mourir de contentement. Oui, les prunelles de cette petite de Virginie Merle, par un phénomène qu'il ne m'a plus été accordé d'observer chez personne, en dehors de leur éclat incomparable d'étoiles fixes, avaient pour moi un langage, et j'entendais toutes sortes de choses infiniment délicieuses qui m'enlevaient. Elle se tenait appuyée contre la table du réveillon, élancée, fine, flexible, pareille à un jeune surgeon de châtaignier sauvage jailli de la souche au dernier printemps. Des fois, elle portait en avant sa tête très expressive dans le buisson noir de ses cheveux emmêlés, et, par une habitude de bergère recherchant quelque bête séparée du troupeau, — peut-être, ainsi que ses frères Julot et Milou, avait-elle été pastoure dans son enfance, — elle se faisait une manière d'abat-jour d'une de ses mains et plongeait droit sous le manteau de la cheminée. C'est extraordinaire, cela, mais ses regards, qui m'arrivaient comme de loin, me procuraient une aise, un enivrement qui n'avaient rien de commun avec l'aise et l'enivrement du maraussan ou du frontignan de mon oncle, soit à la cave, soit à la sacristie. C'était ravissement de paradis, près du bon Dieu.

— O Merlette ! ma Merlette !... soupirai-je dans une pâmoison où je m'enlisai tout à coup, anéanti, mourant.

Et bel et bien je m'évanouis.

Quand je revins à moi, je me trouvai assis près de la table du réveillon. Merlette, tenant une cuiller, m'introduisait dans la bouche quelque chose que j'avalais avec effort.

— Encore un peu, monsieur Jean, encore un peu, me répétait-elle.

Et j'avalais pour lui faire plaisir.

— Qu'est-ce que c'est ? demandai-je, les esprits encore brouillés.

— C'est bon! me répondit-elle, léchant à pleines lèvres la cuiller vidée à demi.

Cette façon de ne pas être dégoûtée de moi me toucha au delà de tout.

— Merlette! ma Merlette!...

Encouragée, elle glissa à plusieurs reprises la cuiller en un plat, et je la contemplais, heureux, tranquille, perdu, noyé dans les cieux ouverts. Souvent sa bouche, trop petite, avait peine à laisser passer la cuiller trop chargée; alors, les gouttes d'un liquide brunâtre lui arrosaient le menton. Elle recueillait le tout du fin bout de sa langue, puis elle riait, ne cessait de rire...

— Ah! la bonne crème! lança-t-elle avec un dernier éclat.

— De la crème? m'écriai je, chassé de ma chaise comme par la détente brusque d'un ressort d'acier.

— Elle était sous ma main, et, pour vous ranimer, je vous en ai servi deux gorgées.

— C'est la crème du réveillon, malheureuse!

— Il en reste plus de la moitié... Moi, je ne

savais que faire, monsieur Jean... Vous vous trouviez mal et, pour vous empêcher de passer, j'ai pris ce qui était là... J'ai eu une peur !... Du reste, ne vous inquiétez pas, je vais mettre de l'ordre partout, et ni Prudence, ni M. le curé ne s'apercevront de rien.

Avec l'activité légère d'une fée, elle besognait déjà à travers la cuisine, lavant la cuiller poisseuse, rangeant la crème au chocolat, additionnée d'un filet d'eau, sous un numéro du *Réveil catholique de Lyon*.

— Tiens ! tu es si gentille, lui dis-je, que, lorsque tu auras fini, nous irons dans la chambre de mon oncle et je te ferai présent d'une image de sainte Philomène.

— J'ai fini, monsieur Jean.

Nul mot ne saurait exprimer la surprise de Merlette dans la chambre de mon oncle. Elle n'y avait jamais pénétré jusque-là. Elle y marcha d'un pas souple et lent, d'un pas de velours, comme une chatte en maraude à travers quelque fromagerie. Une chose l'arrêta net : la bibliothèque de M. le curé, chargée de gros tomes de haut en bas, posés droit, posés sur champ, dans un pêle-mêle dont mon oncle se plaignait toutes les fois que, pour rédiger une conférence ou préparer un sermon, il était tenu de faire des recherches dans cet inextricable fouillis. Merlette n'avait jamais vu tant de livres et elle était tombée en arrêt, les yeux particulièrement fascinés par une édition in-folio des Œuvres de saint Jérome.

— Que c'est beau! murmurait la petite de Virginie, ne découvrant pas d'autre expression pour traduire son enthousiasme.

— Et ça? lui demandai-je, lui montrant sur la cheminée une statuette en albâtre de saint Fulcran, évêque de Lodève, patron de mon oncle.

— Oh! oh!

Alors, pour étaler sous ses yeux toutes les richesses de la statuette, coiffée d'une mitre dorée jusqu'au bout des fanons, je levai le cierge pascal à la hauteur de la tête du saint.

— Oh! oh! répéta-t-elle, les mains de plus en plus serrées l'une contre l'autre.

— Et ça? repris-je, lui signalant, accroché à un fil au-dessus du prie-Dieu, un objet de forme ronde dont les blancheurs nacrées avaient des reflets éblouissants.

— Ça brille comme le Saint-Sacrement, dit-elle sans se départir de son attitude respectueuse.

— Cela s'appelle une coquille, poursuivis-je avec pompe. M. l'abbé Philibert Tulipier a apporté celle-là de Jérusalem tout exprès pour mon oncle, le plus ancien abonné du *Réveil catholique de Lyon*. Quel saint, ce M. Philibert

Tulipier ! Outre qu'il appelle toujours mon oncle « mon cher ami » sans le connaître, dans sa dernière lettre il promet à M. le curé de Camplong de lui envoyer une autre coquille, apportée également de Jérusalem et « représentant le Golgotha au lieu du Saint-Sépulcre, s'il parvient à lui trouver dix nouveaux abonnés au *Réveil*. »

Le *Réveil catholique de Lyon*, Jérusalem, le Golgotha, le Saint-Sépulcre, m'étaient choses familières, parmi lesquelles je vivais pour ainsi dire ; mais je doute que Merlette les entendît comme moi. Néanmoins, frappée d'une admiration religieuse que lui commandaient et l'exaltation de mes paroles et le ton singulièrement monté de ma voix, elle délia ses mains et se signa dans un recueillement profond.

— Regarde par ici, maintenant ! lui dis-je, la tirant par la manche jusqu'au chevet du lit de mon oncle.

— Quel chapelet ! s'écria-t-elle.

— C'est un chapelet à gros grains de Bétharram, dans les Pyrénées. Il a deux mètres de long. Quand mon oncle fit le pèlerinage de Pibrac, près Toulouse, il fit aussi le pèlerinage de Bétharram, un pays qui n'est pas loin de là, et en rapporta cette relique. Y a-t-il des choses assez jolies dans notre sainte religion, y en a-t-il ?...

— Oui, il y en a des choses assez jolies dans notre sainte religion.

— Voilà trois heures qui sonnent, et la deuxième messe doit avancer. Je ne puis donc pas te faire voir nos autres curiosités de la cure aujourd'hui ; mais, si tu es sage, si tu veux seulement être sage comme moi, qui ne le suis pas beaucoup, je te montrerai tout une autre fois...

— Je serai sage, monsieur Jean.

— Bien sage ?

— Sage comme vous, monsieur Jean, répondit-elle, pleurant presque et me tendant les bras sans savoir ce qu'elle faisait.

— Je suis content de toi.

Fort égaré moi-même, à mon tour je lui tendis les bras.

Je conserve la mémoire d'un embrassement long, très long, où Merlette et moi nous demeurâmes enlacés. Mais je ne me souviens ni d'une parole, ni d'un baiser. Nous dûmes cependant nous dire quelque chose, et nos lèvres, si rapprochées dans cette étreinte, se rencontrèrent certainement. Il me serait impossible de rien affirmer. Qui sait si la religion, dont les grandeurs venaient de nous apparaître à l'un et à l'autre à travers le luxe si misérable de la statuette de saint Fulcran, de la coquille de Jérusalem, du chapelet de Bétharram, ne nous préserva pas? Je crois qu'elle nous préserva.

— Galibert! c'est Galibert! s'écria Merlette fuyant de mes mains.

Un coup terrible avait retenti à la porte du presbytère.

— Monsieur le neveu! monsieur le neveu!...

C'était, en effet, la voix de Galibert. Merlette me rendit la clef. J'ouvris vivement. Le pâtre des Bassac parut. Il tenait à chaque main un candélabre allumé, — les candélabres à cinq branches de l'autel, aux Solennités.

— M. le curé m'a commandé de porter ces lumières ici pour le réveillon, dit-il.

Il entra. Dans l'éblouissement qui l'enveloppait, il ne vit pas Merlette, qui se sauva d'un vol filé d'hirondelle, ailes et queue déployées.

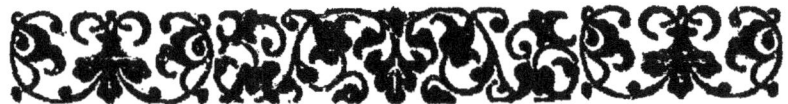

XX

GALIBERT n'avait pas déposé les candélabres sur la table, qu'un bruit de paroles éclata dans l'allée étroite du presbytère. C'étaient nos invités. J'entendis Prudence. Elle gourmandait son monde d'un ton vif.

— Pardi! disait-elle, si on écoutait ces gens-là, ils viendraient tous à la maison. Croit-on que les cailles tombent rôties chez nous? Je laisserai entrer tant seulement ceux qui sont notés sur la liste. Les provisions sont chères cette année à ne pas y toucher du bout des doigts...

Elle parut suivie d'une tourbe de paysans.

— A vous parler franc, vous êtes là comme une meute de chiens affamés, glapit-elle, se plantant au pas de la porte, son bâton levé. Par exemple, qu'est-ce que vous faites parmi des chrétiens, vous, Isidore Siebel, qui êtes plus riche à vous seul que dix curés de la montagne? Ne vous a-t-on pas assez donné, en vous achetant des marchandises chaque jour?

— Virginie Merle avec Julot et Milou! cria-t-elle.

La mère de Merlette, tenant par la main les deux aides-bergers de Vincent Bassac, minois frais et souriants, franchit le seuil de la cure.

— Joseph Lasserre, des Passettes!

Un vieillard couvert de la *grisaoudo,* sorte de vêtement de grosse toile de genêt en forme de dalmatique, courbé sur un bâton plus haut que lui, défila. — La foule des mendiants suivit.

— C'est fini, dit Prudence.

Plantant là les quémandeurs qui l'assiégeaient, elle entra à son tour.

— Ah çà! maintenant, une recommandation! poursuivit-elle, ayant poussé le lourd battant de la porte. N'abusez pas de la charité que vous fait M. le curé. Je ne veux pas dire que vous ne devez pas manger, puisqu'on vous donne un réveillon; mais rien ne vous empêche de ne pas combler tout votre appétit. Quand on mord au bien d'autrui, il convient de ne pas avoir les dents trop longues, d'y apporter de la retenue. Je ne vous en chante pas plus long sur ce chapitre.

J'ignore si cette trentaine de paysans des deux sexes, debout autour de la table, entendirent les observations de notre gouvernante. J'en doute. Devant l'arrière-train du mouton, les deux dindes rôties, sur lesquels les candélabres épandaient une lumière qui en faisait valoir les rondeurs appétissantes, ils demeuraient saisis, pétrifiés. Hommes, femmes, enfants, éblouis par un service peu coutumier, — la blancheur du linge, la propreté des assiettes, l'éclat des couverts fourbis au vinaigre et au son, la transparence des verres, avaient leur part dans cette sorte de fascination, — demeuraient fichés à distance, ne se décidant pas à approcher, se contentant de regarder de leurs yeux agrandis.

— Allons, gens, asseyez-vous, dit Prudence, agréablement chatouillée dans son amour-propre.

Joseph Lasserre fut le premier qui osa prendre un siège ; puis Julot, puis Milou, avec la charmante familiarité de l'enfance qui se croit partout chez elle ; puis Virginie discrètement ; puis Antoinette Vignole non sans hardiesse ; puis chaque convive de proche en proche, tranquillement. A ce moment, notre gouvernante, l'œil ouvert à tout et à tous, avisa Galibert, lequel, caché derrière un paquet de paysans, ne put dissimuler plus longtemps sa présence.

— Veux-tu bien me débarrasser le plancher, mauvaise graine! lui cria-t-elle. Nos viandes sont trop dures pour toi, encore que tu aies des dents neuves. Hors d'ici, peste de la paroisse!

— M. le curé m'a dit...

— Il ferait beau voir qu'un garnement de ton espèce..., gronda-t-elle, ressaisissant son bâton.

— Je ne m'en irai que si M. le curé me l'ordonne.

— Ah! c'est comme ça!... ah! c'est comme ça!... cria-t-elle en s'élançant, arme droite, sur le pâtre des Bassac.

Celui-ci lui prit le bâton, et peut-être ses doigts, le tenant par chaque bout et l'ayant fait fléchir, allaient-ils le casser comme une paille, quand la porte s'étala toute grande. Dans l'embrasure criblée d'étoiles, parut mon oncle tenant Merlette par la main.

— Merlette! s'exclama Prudence.

— Merlette! répéta Virginie.

— A tout péché miséricorde, dit mon oncle d'un accent très doux, presque attendri. Durant les offices, j'ai pensé souvent à Merlette, et à mon neveu, que j'avais puni trop sévèrement. — Notre messe de minuit était si belle, si solennelle! — Un remords m'a serré le cœur, et je suis allé moi-même chercher Merlette pour l'amener au réveillon. Pauvre enfant! ayant peur, elle ne s'était pas couchée; je l'ai trouvée seule qui pleurait au logis.

Cette hypocrite de Merlette eut un sanglot déchirant. La tignasse rousse de Galibert se planta droit sur sa tête. — Voyez-vous ça, ce pâtre des Bassac qui en tenait toujours pour cette fille de Virginie! — Mon oncle, plein de sollicitude, conduisit la petite vers une chaise et la fit asseoir entre Julot et Milou.

— Plus de larmes, lui dit-il. Je te donne la capette de Siebel; elle te rappellera ta faute pour la déplorer.

Et, se tournant vers sa vieille servante :

— Prudence, mon tablier!

Notre gouvernante déplia un tablier bien blanc, sentant la lavande, et mon oncle se le noua à la taille, un peu au-dessus de sa ceinture de soie, préoccupé de ne pas la salir et de ne pas salir aussi sa soutane neuve, car, pour ajouter à la célébration de la Grande Naissance, il avait revêtu ses plus beaux habits.

— Et toi, te décideras-tu bientôt à me montrer les talons? dit Prudence, qui s'était rapprochée de Galibert et lui avait touché le coude.

— Faut-il que je reste ou que je m'en aille, monsieur le curé? demanda le jeune homme.

— Il faut que tu restes, mon garçon. Je sais que ta conduite pourrait être meilleure; mais ce que j'ai dit à propos de Merlette, je le répète à propos de toi : à tout péché miséricorde.

— On réveillonne chez les Bassac, reprit notre gouvernante, et Galibert ne serait pas privé s'il allait *pitancer* chez ses maîtres.

— Prudence, faites-moi grâce de vos observations, et ne troublez pas ma fête aujourd'hui. Le jour où il m'est permis d'avoir à ma table les pauvres de la paroisse et de les servir est un jour de fête pour moi.

Puis, s'adressant à ses hôtes :

— Vous sentez-vous disposés?

— Oui, monsieur le curé, oui! répondirent-ils en chœur.

Il atteignit un lourd couteau, long, effilé comme un sabre, et le présentant à Galibert :

— Tiens, mon enfant, avant de t'asseoir, dépèce-moi ces viandes; tes poignets sont plus robustes que les miens.

L'opération eut lieu sur la table de cuisine. Elle ne fut pas sans offrir de sérieuses difficultés. Bien qu'il gardât des moutons depuis l'âge le plus tendre, Galibert avait négligé d'en étudier la structure, et l'arrière-train rôti lui résista énergiquement. Notre maître d'hôtel improvisé suait à la peine; je voyais les veines de son cou se gonfler sous l'effort. Mais, au bout du compte, avec de la force on vient à bout de tout. Mouton et dindes y passèrent. Au fur et à mesure qu'un morceau était détaché, je le recevais en une assiette, que je passais à mon oncle.

— A vous, Lasserre!... A vous, Virginie!... A vous, Vignole!... criait-il d'une voix joyeuse.

Bientôt chacun eut sa becquée, une grosse becquée, une becquée à rassasier une famille, et tout caquet cessa. De temps à autre seulement, dans la pièce silencieuse, une dent solide faisant éclater un os venait ponctuer le susurrement à peine distinct de la bûche de Noël à demi consumée, et trois ou quatre convives de lever le nez et de regarder.

Cependant, mon oncle jouissait de son réveillon. De la place où il venait de me glisser lui-même près de Merlette, — toujours pour m'éprouver sans doute, — de cette place je le voyais devant moi. Tandis que Prudence, résignée malaisément au moindre sacrifice, cantonnée dans l'ombre du pétrin, demeurait là hérissée de tous ses poils, lui, qui aurait donné à son troupeau jusqu'à sa vie, à l'exemple du bon Pasteur, montrait un visage épanoui, resplendissant de lumière et, pourquoi ne pas le dire? malgré la maladie qui le minait, de santé. Oui, par la force unique de son cœur, gonflé des satisfactions les plus pures, les plus hautes, la santé lui était revenue. L'exercice de la charité le refaisait jeune et nouveau.

— Allons, Lasserre! allons, Vignole! allons, tous! disait-il d'un accent qu'il n'avait qu'en parlant aux pauvres, d'un accent où on aurait démêlé des notes divines.

Et, m'interpellant du même ton, qui me pénétrait jusqu'à l'âme :

— Tu sais, mon petit, Merlette, Julot, Milou, te sont confiés.

On comprend avec quel zèle je m'acquittais de mon office. Malheureusement, si Milou, si Julot mangeaient comme des hommes, Merlette ne touchait à rien, et deux fois je la vis glisser dans les assiettes de ses frères les morceaux délicats que je lui avais choisis. Cette extrême discrétion m'inquiétait. J'aurais voulu interroger Merlette. Je n'osais me risquer, surveillé par Galibert, dont les yeux avaient l'air de me menacer. De quoi n'était pas capable ce pâtre brutal, plus sauvage que son bélier espagnol Caramba!

L'arrière-train du mouton et les dindes avaient été dépêchés.

— Encore un coup de main, Galibert, dit

mon oncle, qui, pour me laisser évidemment tout le mérite de triompher de la tentation, ne voulut pas me déranger.

Le berger des Bassac se leva pour aider à débarrasser la table. L'occasion était bonne; je la saisis aux cheveux.

— Tu n'as donc pas faim? demandai-je à Merlette.

— Non, monsieur Jean, je n'ai pas faim.

— Pourquoi?

— A cause de ce qui m'arrive.

— Que t'arrive-t-il?

— Au jour de l'An, je partirai pour chez les sœurs de Saint-Gervais. M. le curé me l'a dit en me menant ici.

— Et ça t'ennuie d'aller chez les sœurs de Saint-Gervais?

— Oui, monsieur Jean, ça m'ennuie tout plein. Je ne vous verrai pas à Saint-Gervais, comme à Camplong.

— Tu ne verras pas non plus Galibert.

— Pour Galibert, ça ne me fait rien; mais, pour vous, ça me fait quelque chose qui me donne mal à la tête.

— Et tu ne peux pas manger?

— Non, monsieur Jean, je ne peux pas manger. J'ai l'estomac si serré, si serré!...

Le pâtre des Bassac nous retira nos assiettes brutalement.

— Nous sommes-nous amusés, aujourd'hui, dans le Jougla et à Graissessac! reprit-elle.

— Bien amusés, lui répondis-je, gagné à son trouble.

— Surtout quand vous m'avez jetée par terre. Les cailloux m'avaient déchiré le front, mais j'étais si contente!

— Pourquoi étais-tu si contente?

— C'était vous qui m'aviez poussée, monsieur Jean, et j'avais du plaisir à penser que ce n'était pas Galibert. C'est drôle, rien ne me fait mal de vous.

— Je n'ai jamais connu de caractère comme le tien.

— Maman Virginie me bat, Prudence de la cure me bat; eh bien! parce que j'ai de l'amitié pour elles, je ne sens pas leurs coups. Ainsi de vous, monsieur Jean, et encore plus...

— Tu es bien gentille, Merlette. Je n'ai pas eu le temps de te faire présent de l'image de sainte Philomène; mais, sois tranquille, tu l'auras aujourd'hui, cette image où la sainte porte une robe d'or. Moi-même je la détacherai d'un rouleau neuf que mon oncle a reçu de M. l'abbé Philibert Tulipier, de Lyon.

— Au lieu d'avoir l'image de sainte Philomène, j'aimerais mieux vous avoir, vous, chez les sœurs, à Saint-Gervais.

— Et mon oncle?

— Vous lui échapperez, tiens !

— Et Prudence ?

— Vous lui échapperez... Ce n'est pas loin d'ici, Saint-Gervais. On passe à Saint-Étienne-de-Mursan, à Vérénous, à Castanet-le-Bas, et on y est.

Ah ! voir Saint-Étienne-de-Mursan, Vérénous, Castanet-le-Bas, puis Saint-Gervais ! voyager à travers ces endroits inconnus, quel rêve ! La tête me tourna.

— Écoute, Merlette, lui dis-je, moi aussi, j'ai de l'amitié pour toi, et, je te le promets, je m'échapperai, le jour de l'An, pour te suivre. Si les sœurs ne veulent pas de moi, je reviendrai ici ; mais j'aurai vu où tu es, ce que tu fais, comment on te traite... A la fin, je le sens, je serais malheureux sans toi, et je ne veux pas être malheureux...

— O monsieur Jean, ne pleurez pas tant, me souffla-t-elle tout bas.

Il est de fait que d'énormes gouttes de pluie tombaient dans ma crème au chocolat et l'étoilaient de taches brillantes.

— Qu'as-tu donc ? qu'as-tu ? me demanda mon oncle, se précipitant.

Comme je le regardais surpris, les yeux toujours ruisselants :

— C'est le noël de Lasserre, lui dit Merlette. Il est si joli !...

— Oui, mon oncle, c'est le noël de Lasserre, bredouillai-je.

Je veux bien ne pas être réveillé par la trompette de l'ange au jour du Jugement, si je savais qu'en ce moment Joseph Lasserre chantait un noël. Le bruit de mon cœur, qui avait empêché mon oreille d'entendre la voix du pauvre vieux des Passettes, n'avait pas troublé l'ouïe de Merlette, heureusement.

— Écoutez, écoutez, monsieur le neveu! bourdonna la fine mouche, encore que mon oncle se tînt debout à côté de moi.

— Dernier couplet! clama Lasserre.

D'une voix altérée, chevrotante, où des soubresauts bizarres, irrésistibles comme les échappements nasillards d'un instrument détraqué, — de notre accordéon de la cure, par exemple, — mêlaient des notes suraiguës :

> *Noël, la fête de l'année!*
> *Tirons notre vin du tonneau,*
> *Et buvons d'l'Enfant si beau,*
> *Qui nous sauve de la damnée!...*

Et, pour répéter le verset dans la belle langue sonore de mon pays :

> *Nouél! la festo de l'annado!*
> *Tirèu nostre bi d'el baïssel,*
> *Et béguèn d'l'Enfan tan bel,*
> *Qué nous saoubo de la damnado!...*

Chacun, son verre plein levé, le choqua au verre du vieillard, le visage animé par une digestion heureuse, droit comme un peuplier sous ses cheveux blancs partout épars sur ses épaules et sur son front.

— Alors, à l'an qui vient, monsieur le curé! dit le paysan des Passettes de tout le demeurant de ses forces.

— A l'an qui vient, monsieur le curé! répétâmes-nous tous, même Merlette, même moi.

On but tranquillement, abondamment, longuement. Mon oncle admirait, les bras croisés, l'air ravi, dans l'attitude de nos beaux saints de Lyon, des derniers qui nous étaient arrivés surtout, parmi lesquels il s'en trouvait d'une physionomie si sympathique, si attirante, — de saint Louis de Gonzague, par exemple, droit dans une soutanelle lamée d'argent, avec des colombes autour de lui et ces mots gravés en lettres d'or sortant des becs entr'ouverts :

« O PURETÉ! O PURETÉ!! O PURETÉ!!!

— Prudence, dit mon oncle Fulcran d'un ton séraphique, donnez à chacun des convives le maraussan qui lui est destiné.

Notre gouvernante ne s'acquittait pas de son office sans tapage.

— N'allez pas au moins avaler ce vin comme

vous avalez votre piquette de l'année, gardez-le pour en avoir une goutte quand vous serez malade, disait-elle à celui-ci. — C'est ce que nous avons de meilleur chez nous, puisque M. le curé ne s'en sert que pour la messe et n'en boirait pas une gorgée, passé l'autel, disait-elle à celle-là. — Tout est fini chez nous, il n'y a plus rien à mordre et vous pouvez vous en aller, conclut-elle, remettant une bouteille à Virginie, une autre à Merlette.

— Et moi? dit une femme encore jeune, tendant la main.

Prudence la toisa avec des yeux enflammés de mépris.

— Comment, vous osez, vous, Vignole?...

— Puisque les autres ont eu leur bouteille de maraussan..., articula-t-elle, relevant la tête d'un mouvement effronté.

— Je vous conseille de me faire mettre en colère, vous!...

— Mon maraussan!

— On vous rafraîchira la luette quand vous mènerez une autre vie... Allez-vous-en!

Mon oncle, ayant dépouillé son tablier, causait près du feu avec le vieux Lasserre, des Passettes, le félicitant à propos de son noël, vantant sa voix encore robuste à son âge. Antoinette Vignole se garda de gagner la porte, que notre gouvernante lui montrait d'un geste impératif; elle courut à M. le curé, et, l'interrompant sans scrupule :

— Prudence me refuse..., pleurnicha-t-elle.

— Que vous refuse-t-elle, Prudence ?

— Ma bouteille de maraussan... Et mes six enfants à qui j'ai promis une bonne trempette pour leur Noël! Ah! Jésus-Dieu! quand ils me verront arriver sans rien, les pauvres mignons!...

Mon oncle, sur les deux tables encombrées de débris, sans mot dire, cherchait et ne découvrait rien. Prudence, ignorant que la fiole destinée à Merlette avait été vidée par moi, puis brisée par un éclat de pierre, venait par mégarde de donner à la fillette de Virginie la bouteille de la Vignole.

— Ma bonne Antoinette, dit M. le curé de la voix suave dont Jésus dut parler à la pécheresse Madeleine, il y a eu erreur dans mes calculs. Mais erreur ne fait pas compte. Attendez-moi une minute.

Il alluma un bout de cierge et disparut par la porte de la cave.

Prudence, qui en était pour ses frais, trépignait. Ne tenant plus à sa fureur, elle saisit son bâton au repos en un coin de la cuisine. — Allait-elle frapper Antoinette Vignole? — L'arme au côté, elle s'avança jusqu'à toucher les pieds de la pauvresse, et, la dévisageant à la faire rentrer sous terre :

— Vous aurez votre bouteille, puisqu'il vous la faut pour griser votre marmaille, mauvaise femme, femme de perdition, femme de personne et de tout le monde ! Mais, à la Noël de l'an prochain, c'est moi qui vous jetterai la porte de la cure au nez.

Antoinette Vignole n'avait pas l'air d'entendre. Elle échangeait des œillades malignes avec Galibert, occupé encore par là à je ne sais quelle besogne, et paraissait maintenant avoir plutôt envie de rire que de pleurer. Ses traits, qui ne manquaient ni de finesse ni de charme, encore qu'un peu fatigués, un peu tirés, un peu flétris, avaient revêtu soudain une expression d'insolence singulière. Un pareil front me révolta, et, me rangeant du parti de notre gouvernante :

— Et moi aussi, je vous jetterai la porte de la cure au nez, Vignole, à la Noël de l'an prochain.

Elle eut un éclat de rire qui m'humilia comme un soufflet, et de nouveau se tourna vers Galibert. Elle lui fit un signe. Mon oncle, essoufflé, était là, une bouteille à chaque main.

— Voilà pour vos enfants, Antoinette, dit-il avec bonté.

Puis, s'adressant au pâtre des Bassac, qui ne demandait rien, je dois le reconnaître :

— Pour tes services, mon garçon.

— Comment !... s'écria Prudence.

Mais Galibert et la Vignole étaient déjà loin.

— Que vous êtes donc innocent, monsieur le curé, continua-t-elle, tombant accablée sur une chaise basse, que vous êtes donc innocent de faire manger votre bien par ce monde de pacotille ! Et vous croyez que les petits bâtards de cette créature vont faire trempette avec notre maraussan ! Je vous l'ai dit souvent, le pâtre des Bassac est un grand mauvais sujet, et je suis bien sûre qu'à cette heure, le verre en main, avec la Vignole...

Mon oncle pâlit affreusement. Il laissa errer à travers la cuisine vide, que l'aube blanchissait d'un premier rayon, de longs regards attristés, puis, se remettant :

— Prudence, dit-il d'un ton ferme, ainsi que l'a écrit saint Jérôme, « nous ne sommes pas ici pour peser le mérite de nos hôtes, mais pour leur laver les pieds. »

Il me prit par la main.

Comme nous traversions l'allée, gagnant l'église, où la troisième messe, « la messe de l'aurore, » allait être célébrée, il m'interpella tout à coup en ces termes :

— Jean, tu sais déjà un peu de latin, et je te cite, à toi, le texte même de saint Jérôme : — « *Propositum nobis est pedes lavare venientium, non meritum discutere.* »

CONCLUSION

De Noël au jour de l'An, ce fut, à la cure, une fête continuelle. Nous mangions les restes du réveillon, et il nous semblait que nous célébrions toujours la Grande Naissance. Du reste, Prudence, occupée chez Virginie Merle à préparer le trousseau de Merlette, — on exigeait deux robes à l'Orphelinat des sœurs de Saint-Gervais, — nous laissait le plus souvent seuls, mon oncle et moi, et c'était entre nous, autour de nous, une douce paix de paradis.

Un matin, je surpris mon oncle retirant de l'étui de carton vert son tricorne neuf, le tricorne qu'il mettait seulement pour aller chez son doyen, aux Conférences ecclésiastiques du canton. Mais il n'y avait pas de Conférences en hiver, la mauvaise saison rendant les chemins de la montagne à peu près impraticables. Je demeurai ébahi.

— Mon cher petit, me dit-il, passant et repassant avec d'infinies précautions un lambeau de flanelle entre les ailes de son chapeau de gala pour en rabattre le poil et lui donner du lustre, mon cher petit, je suis content de toi, et je te ménage une récompense. Pour tes étrennes, cette année, je veux te faire faire un voyage.

— Un voyage? soupirai-je, la respiration suspendue.

— Ton émotion, au noël de Joseph Lasserre, des Passettes, m'en a appris long sur l'intimité de ton âme. Puis, tu as résisté vaillamment à l'épreuve tentée sur toi. Tu as regardé Merlette, et tu es demeuré froid; tu as écouté le cantique d'un vieux paysan, et tu as pleuré. Je suis rassuré sur ton compte pour la vie.

— De quel côté voyagerons-nous? demandai-je.

— Cela, tu le sauras plus tard, Jean ; il ne faut jamais céder au désir de dépenser d'un coup son bonheur. Sois-en certain, nous voyagerons, car je suis de la partie.

— Voyagerons-nous bien loin de la paroisse?

— A deux lieues environ de la paroisse.

Je n'en demandai pas davantage. J'étais aux anges. Saint-Gervais, justement, était à deux lieues de Camplong : de toute évidence, c'était à Saint-Gervais que nous irions. N'était-il pas naturel, en effet, que mon oncle présentât lui-même Merlette à la Supérieure de l'Orphelinat de la Croix? Quel enivrement! je ne quitterais pas la petite de Virginie. Qui sait si quelque hasard ne se produirait pas qui me fournirait le moyen de rester, moi aussi, à Saint-Gervais, de ne pas m'éloigner de Merlette? Depuis le réveillon, c'était à peine si je l'avais vue une fois à la cure, où elle était venue chercher des étoffes, et s'il nous avait été permis d'échanger trois mots. Toujours à sa couture, à ses chiffons, la coquette passait ses journées à essayer les habits qu'on lui confectionnait, à se trouver belle avec des jupes plus longues, avec des souliers, car mon oncle lui avait fait cadeau de souliers. Enfin, nous voyagerions ensemble jusqu'à Saint-Gervais. Nous nous en dirions, des choses et des choses! Si seulement le chemin, au lieu de n'avoir que deux lieues, pouvait en avoir cent!...

On devine à quel point je dus comprimer mon cœur, quand, le matin du jour de l'An, Merlette et Virginie, chacune chargée d'un paquet, parurent au seuil du presbytère ; je ne l'eusse pas comprimé, ce pauvre cœur qui me sautait dans la poitrine, qu'il se serait envolé vers Saint-Gervais, comme un oisillon s'échappe d'une cage à tire d'aile. Je m'évertuai à ne pas paraître trop content, et je réussis à donner le change.

Neuf heures sonnaient à notre pendule. Nous sortîmes. Nous remontâmes la grande rue du village sans souffler mot. Encore que misérable à ne pouvoir la nourrir, Virginie Merle ne se séparait pas sans chagrin de sa fille. De temps à autre, je la voyais passer à la dérobée le revers de la main sur ses yeux.

— Virginie, du courage ! lui dit mon oncle avec tendresse, comme nous arrivions à la porte des Bassac.

— Oui, monsieur le curé, répondit-elle, la voix noyée en une mer de pleurs contenus.

Verjus était là, bridé, sellé de la belle selle à filets de cuivre, à étriers étamés de M. Vincent Bassac. — Comment, Verjus ?... Alors nous ne marcherions pas ?... — La bête retenue par M. le maire lui-même, mon oncle enfourcha.

— A toi, Jean, me dit-il.

Je ne sais pourquoi, au lieu de pousser en avant, j'eus un mouvement de recul. Mais je me sentis saisi, soulevé, assis sur la croupe de la monture, qui ne bougea pas. Galibert venait de me jouer ce tour.

— Affreux berger! affreux berger! m'écriai-je.

Mais le bruit des quatre fers de Verjus emporta ma voix, et personne n'entendit rien, pas même mon oncle, à qui je m'étais cramponné pour ne pas tomber.

Verjus, après un temps de galop superbe, avait ralenti le pas. Virginie et Merlette suivaient, là-bas, un autre chemin que le nôtre.

— Alors, mon oncle, nous n'allons pas à Saint-Gervais? demandai-je, voyant le mulet piquer droit vers la grande route, tandis que Merlette et sa fille se dirigeaient par un sentier de traverse vers Saint-Étienne-de-Mursan.

— Saint-Gervais?...

— Je croyais que vous deviez accompagner Merlette à l'Orphelinat de la Croix.

— J'ai remis une lettre à Virginie pour Mme la Supérieure.

— Et où allons-nous, nous autres?

— Je t'amène embrasser tes parents...

— A Bébarieux?

— Ta mère sera si heureuse!... — Eh

bien?... fit-il, arrêtant Verjus, puis retirant son chapeau.

Entre les ailes du tricorne, parmi les cordons de soie qui les tiennent à demi-relevées, une pierre aiguë, fragment de silex dur et coupant comme verre, se trouvait engagée.

— Qui m'a lancé cette pierre? dit-il, explorant la campagne de tous ses yeux.

— Je ne vois personne, balbutiai-je.

Je mentais, car mon œil, plus jeune et plus aigu que celui de mon oncle Fulcran, venait de découvrir Merlette cachée derrière la masse très haute d'un églantier, à quelque vingt pas. Mais cette pierre, était-ce à son bienfaiteur ou à moi que cette fille folle l'avait jetée? Je me promis fermement de la questionner, dès notre première rencontre. Hélas! mon oncle étant mort peu de temps après, plus jamais je n'ai ouï parler de Merlette, plus jamais je ne l'ai rencontrée. — Voilà ce que la vie fait de nous.

Paris, mai 1884. — Château Saint-Jean, août 1885.

Achevé d'imprimer

le vingt-cinq mars mil huit cent quatre-vingt-neuf

PAR

ALPHONSE LEMERRE

(Bancel, *conducteur*)

25, RUE DES GRANDS-AUGUSTINS, 25

A PARIS

www.ingramcontent.com/pod-product-compliance
Lightning Source LLC
Chambersburg PA
CBHW071517160426
43196CB00010B/1551